马宁父母课堂 2

在爱中建立规则

不打不骂，定规矩！

马宁 著

扫码获取 10 节
免费音频课

SPM 南方出版传媒 广东经济出版社
· 广州 ·

图书在版编目（CIP）数据

在爱中建立规则：不打不骂，定规矩！ / 马宁著. —广州：广东经济出版社，2021.7

（马宁父母课堂）

ISBN 978-7-5454-7496-1

Ⅰ. ①在… Ⅱ. ①马… Ⅲ. ①家庭教育—通俗读物 Ⅳ. ①G78-49

中国版本图书馆CIP数据核字（2020）第253045号

策　　划：李　鹏

责任编辑：陈　潇　王春蕊　刘　燕　李沁怡　李泽琳

责任技编：陆俊帆

封面设计：朱晓艳

在爱中建立规则：不打不骂，定规矩！

ZAI AI ZHONG JIANLI GUIZE：BUDA BUMA，DING GUIJU！

出版人	李　鹏
出　版 发　行	广东经济出版社（广州市环市东路水荫路11号11—12楼）
经　销	全国新华书店
印　刷	广东海洋印刷有限公司 （佛山市南海区里水镇和桂工业园A区和安南路1号F栋1-2楼）
开　本	787毫米×1092毫米　1/32
印　张	7.5
字　数	175千字
版　次	2021年7月第1版
印　次	2021年7月第1次
书　号	ISBN 978-7-5454-7496-1
定　价	39.80元

图书营销中心地址：广州市环市东路水荫路11号11楼

电话：（020）87393830　邮政编码：510075

如发现印装质量问题，影响阅读，请与本社联系

广东经济出版社常年法律顾问：胡志海律师

序一

Preface ❶

在爱中建立规则

全球华人圈知名身心灵作家

张德芬

认识马宁，感觉她很宁静、沉稳，而且有很多东西可以分享，读了她的文字后，觉得真是文如其人，条理分明，娓娓道来。

《在爱中建立规则：不打不骂，定规矩！》这本书让我们做父母的能学到一些处理亲子冲突时该注意的技巧。我很喜欢她脉络分明地把我们与孩子之间可能发生的冲突做了很好的划分：孩子遇到困难、我们对孩子的行为感到不满、孩子和我们的需求发生冲突以及双方相处得非常愉快。我和孩子之间发生一些不愉快的情况时，就会试着按照书上的方法去解决当时的状况，很快就能冷静下来，感觉非常有用。

序二
Preface ②

表达爱，感受爱，拥抱爱

电视连续剧《家有儿女》总编剧
李建宏

屈指数来，我和马宁已经认识快16年了。那时，我一边埋头创作电视剧《家有儿女》第二个100集的剧本，一边摸索着怎样当好妈妈这一角色。本来，我自恃有点教育学、心理学的知识，从来没有担心过自己与儿子的沟通会出问题。可随着儿子3岁时进入第一个叛逆期，“我不，我就不”成为小家伙的口头禅。为了他，我们夫妻俩经常斗气，家庭的和睦氛围也受到影响。有段时间我甚至怀疑孩子是不是得了多动症，所以才与其他的孩子不同。

有一天，在向一位朋友倾诉“苦水”的时候，朋友向我推荐了马宁老师开设的亲子讲座。

说实在话，开始我真是半信半疑。父母对子女爱得还不够深吗？还需要去学习“技术”？爱都要讲技术，那还纯粹吗？还是母爱吗？抱着搜集《家有儿女》创作素材的想法，我赶到广东参加了马宁老师主讲的亲子沟通讲座。

那是我们第一次见面，16年后的今天我还能清晰地回忆起那次见面时的场景，以及我们当时讨论的话题。马宁在课堂上表现得非常从容，极富亲和力，在引导家长和孩子的沟通上循序渐进、深入浅出，现场的效果立竿见影，在家长和孩子打开心结甚至抱头痛哭的一刹那，我也被打动了。课后，我们聊起她从事的工作与行业。那段时间，我正在为儿子吮吸手指而烦恼，买棍状的饼干、糖果，在手指上抹辣椒，“胡萝卜加大棒”等方法都用尽了，儿子吮吸手指的情况却愈演愈烈。就这些真实存在的问题，我们交流得越来越深入。很快，她就抓住了我的问题所在并给我提供了解决方法，事后证明，她的方法是有效的。

中国是最重视家庭生活的国家之一。父母在子女的成长过程中总是不遗余力地付出，不计成本。中国人的性格大多比较内敛，“大爱无言”，孔子更说“巧言令色，鲜矣仁”。在生活节奏慢、人口密度小的古代，子女也许有时间慢慢体会父母的这种无言大爱，但在今天的社会，有太多的“快餐文化”，太多诱惑在和父母争夺着子女们的眼球与注意力。学会表达爱，让孩子感受到爱或许将成为现代父母们不得不学习的一门课程。

我不是什么大家，对她所从事的专业也知之不多。马宁托我作序，实在诚惶诚恐。但想到我也是她的受益者，惶恐之间，寥寥数语，聊以为序。

序三
Preface ❸

让爱成就彼此

“水立方”中方主设计师
中建国际（深圳）设计顾问有限公司总经理
赵小钧

“水立方”建成之后，我不再做设计，全身心投入公司的管理工作中。公司拥有近两千名建筑师和工程师，我深知在这样一个由知识工作者组成的公司里，公司的业绩、团队的创造力和工作的绩效，很大程度上取决于员工是否处于愉快、安全、自如、和谐的心境之中。而在当今的城市生活中，拥有这种心境是一件挺不容易的事情。

人的幸福与满足很大程度上取决于我们的内心世界，每个人的内心世界都可能存在某些“模式”，阻碍我们的生命走向圆满。这些有阻碍作用的模式，多半形成于我们儿时受到的一些刺激和伤痛，又在我们以后的生活境遇中不断地巩固和加强，最终形成我们的行为模式。有人讲，与父母的关系是人一生中最重要的关系，它决定了人生的大部分内容。对每个人来讲，在与父母的关系中或多或少都存在一些值得改善的地方。

每年春节期间，总有同事在聊天时提到，假期回父母家时会感到某种莫名的焦虑和压力；还有同事经常抱怨在配偶关系、子女教育上与父母的冲突。有这些烦恼的同事，往往自身也无法进入一种舒展的生命状态。我发现，还有一些同事可能没留意与父母之间的问题，也习惯了与父母的互动模式，但在工作中会表现出一些状况，比如对变化的过分担忧，对上司的过分依赖，对下属的过分控制，对完美的过分苛求，对同事的过分攀比，对环境的过分敏感，等等。这些阻碍了他们创造力的发挥及自身的提高，反映的是他们内心的种种深层恐惧，缺少安全感和自信。详细了解后就能发现，他们背后很可能有一位过于严厉、苛刻的父亲或母亲，或者从小缺乏父爱或母爱的滋养与呵护。这些都是非常普遍的现象！

为什么会这样呢？马宁的《戒掉爱中的伤害：只需倾听，别插手！》以及《在爱中建立规则：不打不骂，定规矩！》两本书中有许多类似的案例，介绍了很多内心模式与原始伤痛之间的关联，并详细地告诉读者，是什么原因让我们得不到想要的结果。

当然，我们作为成年人，了解这一切不是为自己的不足寻找借口，也不是要责怪我们的父母，其意义在于令自己更加成熟、客观地面对自我；同时，因为有一颗爱孩子的心，我们不希望让孩子重蹈覆辙。所以，从我们开始，尝试着停止在爱中夹杂无意识伤害的模式——不论是对孩子还是对自己，都是非常需要探讨和学习的。

中国目前的家庭教育和学校教育，对孩子有太多的要求，告诉孩子“应该”这样，“应该”那样。孩子被迫认为只有做到大人要求的结果，自己才是被认可和被接受的。长此以往，孩子就丧失了天生的自我认知，终日活在别人的标准中，无法做到人格的独立与自信。

马宁的这两本书还讲述了如何与孩子进行真正的爱的互动，从中还可以反观我们自己生命中出现的一些现象，从而反思我们的内心，去接受自己的伤痛与恐惧，从中承担自身成长的责任，让生命舒展开来。这样才可以让我们的父母享有更加圆满、幸福的人生，让我们的孩子拥有美好的未来，在他们迈出人生的每一步时，拥有爱的力量。

对我个人来讲，从书中可以得到一些知识，这些知识让我在工作中更加理解他人，也增强了我与亲人沟通的能力。

所以，谢谢马宁！

目录

Contents

07 第七堂课
处罚

08 第八堂课
在爱中建立规则的五大原则

导读

Introduction

父母与孩子在生活中会遇到各种难以解决的问题，而且，在一个家庭中，有很多事情是无法用对错标准来处理的。比如当孩子在家里的地板上扔了一块香蕉皮，明显是孩子错了，但是不舒服的却是父母。所以，本书采用了一种特殊的标准，将家庭生活中的所有事件划分为4个问题区域，当事件发生了，谁有不舒服的感觉，说明谁有内在需要没有得到满足，谁有问题需要解决。

问题区域	区域描述	区域划分	问题图
1	孩子遇到了困难	孩子在问题区域	
2	父母对孩子的行为感觉到不满	父母在问题区域	
3	孩子和父母的需求发生了直接冲突	父母和孩子都在问题区域	
4	双方相处无事，关系非常愉快	父母和孩子都在舒适区域	

处理问题的原则：

本书以父母与孩子在事件中的不同感受为划分标准。这个感受是什么呢？就是不舒服或内在需要没有得到满足，这意味着有问题需要解决。谁有不舒服的感觉，谁就负责自己解决这个不舒服的感觉。父母和孩子都要对自己的情绪、行为和感受负责。

对于地上的香蕉皮，你可以看着香蕉皮责骂孩子。

很多父母会这样说："我都说了一千遍了，你也不听！你真的太糟糕了！"如果说了一千遍孩子都没有听，除了埋怨孩子，你是不是也需要停下来问问自己，为什么不换一种方法？你真正地面对这个问题了吗？是在继续等待着孩子的变化，还是在没有方法时硬碰硬地重复对抗？

责骂是没有办法让香蕉皮进入垃圾桶的，只会让自己的心情更加暴躁。接下来就让我们跟着本书所提供的方法，主动去实践，去解决那些生活中让自己不舒服的问题吧！

第一堂课

The First Class

和孩子分享经验——分享式表述

本堂课属于“父母在问题区域”

爱不是泛滥、事无巨细，
有时我应该允许你伤痛，
陪着你经受挫败！

第一节

让孩子能站在父母的肩膀上选择和思考

一、用合适的方式与孩子分享经验

女儿两岁半时，我和她分享了一个关于钓鱼的故事。故事是这样的：

一个老爷爷在河边钓鱼，一个小男孩在旁边看。一天下来，老爷爷钓了一大桶鱼。

他对小男孩说：“孩子，为了感谢你陪了我一天，我把这一桶鱼送给你。”

结果这个小男孩说：“我不要这一桶鱼，因为鱼很快就可以吃完，我要你手里的钓竿！”

当我讲到这儿，我问了女儿一个问题：“你觉得这个男孩聪明吗？”

哪知女儿哈哈大笑，回答说：“这个小哥哥太笨了，他还不懂怎么钓鱼，要那个钓竿有什么用？”

当时我很吃惊，因为这正是我讲这个故事的本意，没想到她自己已经明白了。这样的事情在生活中很常见，孩子的思维有时会比父母想象中的更接近事实的真相。

我们头脑中的一些固有知识会让问题变得异常复杂，有时甚至远离事物的本质。或许，我们的失败就在于懂得太多了。

我们常常不自觉地想当然，并为那些实际并不存在的困难而感到挫败。其实，经验只能代表过去的某些事情，并不代表当下的情况同样如此。

任何人在成长和学习初期都会模仿，在模仿中建立自己新的特色。成功的人往往能够站在巨人的肩膀上吸取经验，再形成自己的特色。换句话说，孩子需要更多的经验，只是父母的经验有限，不知道哪些经验是好的，哪些是当下适合孩子的。所以，经验要以分享的形式传递给孩子，或者示范给孩子，再由孩子自己决定是否在当下使用。

父母把经验分享给孩子本身没有错，但如果选择了不恰当的分享方式，就会让孩子失去尝试自我选择和独立思考的机会。

二、教是为了不教

我们都知道，孩子的思考能力不能替代，父母不能让孩子养成需要方法、父母马上给方法的习惯。

不过，在孩子小的时候，如果苦思冥想都得不到解决问题的方法，又得不到父母及时的支持和引导，长大后往往会有很强烈的无助感；在遇到困难的时候，虽然很想从别人那里得到帮助，可在潜意识中习惯性地认为别人帮不到自己，于是往往把注意力放在问题本身而非问题的解决上。

这些从小没有被引导过认真思考问题的孩子，到了10岁或者上初中前后，会感觉思考是一件非常头疼的事情。因为他们把大部分的精力用在了情绪对抗上，而非解决问题上。

所以，父母需要做的不是替孩子解决问题，而是帮助孩子建立思考的模式，从而逐渐放手。

如果父母认为，孩子解决问题需要自己全程把关，可能导致：希望孩子的成就是一碗水，父母自己就要有一桶水的量，才能倒给他一碗；希望孩子的成就是一桶水，父母自己就要有一缸水的量；希望孩子成就一缸水的未来，父母大概就要成为一条小河……长此以往，孩子永远活在父母的庇护底下，生活中很难独立解决问题。

我们要做的不是让自己的智慧成为一条小河，而是让经验成为一个水龙头，让孩子所有的认知、潜能流经水龙头，源源不断地流向他该去的方向。

真正帮助和爱护孩子，不是让他依赖父母，一切由父母灌输、由父母包办。最好的“教”是为了将来的“不教”，让孩子拥有自我思考和对自己负责的能力以及主动进取的心。

这就是所谓的“教是为了不教”。

第二节

有效引导孩子的两个法则

当父母看到孩子的问题行为反复出现时，心里直冒火：

“你是个学生，不用我说，你就应该知道放学后该怎么做！”

“你是个学生，还用我说吗？你就该主动把所有的学习问题搞清楚！”

“你都14岁了，自己的袜子都不知道自己洗，还要我说吗？”

“妈妈爸爸下班回来这么累，你就想不到自己把能做的事情先做了吗？”

…………

这样的话很多父母都说过，其潜台词就是：“你还要我说吗？”“不用我说，你就应该知道要做什么！”“你应该知道我现在很累了！”“你应该知道我现在很忙！”……

这些话不仅出现在很多父母与孩子的对话中，还出现在与爱人的对话中、与其他人的对话中。有时即使不便表达出来，我们在心里也已经说过很多遍了：“这种事情还要说吗？”尤其在心情不好的时候，这样的抱怨比比皆是，我们总是希望“我不说，你也知道”。

实际上，连心理专家都做不到“你不说我就知道你要什么”，更何况孩子呢？

到底是什么原因让我们不断地重复这种做法呢？

先来看一个故事：

有一对老夫妻非常恩爱，让周围的人都很羡慕。

两个人都很爱吃鱼。每次吃鱼的时候，老奶奶都会把鱼头给老爷爷吃，而老爷爷都会把鱼尾给老奶奶吃。

有一天老爷爷快要离开人世了，他忽然对老奶奶说：“老伴儿，在别人眼中我们相亲相爱过了这么多年，但是我想知道你是不是真的对我那么好，那么在乎我。”

老奶奶大吃一惊：“你怎么会有这样的担心呢？”

老爷爷说：“我很奇怪每次吃鱼的时候，我都会把最爱吃的鱼尾巴让给你，但是你怎么没有一次把它让给我呢？”

老奶奶一听，说：“天哪，我最爱吃的是鱼头，所以我每次都把鱼头让给你。”

在生活中，当我们内心希望别人用某种方式对自己好时，自己就会先用那种方式对别人好。

这就造成了人世间种种的错爱，彼此不是不相爱，而是都在用自己需要的方式去爱别人。典型的例子，父母常常会买一些孩子并不喜欢的玩具送给孩子，其实，这些玩具是小时候父母渴望拥有却没有得到的东西。

“我希望别人怎么对我，我就怎么对待别人”，这是一条经典的关系法则。事实上，每个人的思维方式都不一样，没有人可以在对方什么也不说的情况下就了解对方的想法。成年人做不到，孩子更不可能做到。

孩子可以适当地为大人考虑，但他们还未成年，不能够完全为自己负责，更不要说完全为大人负责了。相反，正因为对孩子有责任，我们才成为父母，是我们需要为孩子的成长负责。

但是，父母也有责任让孩子知道大人发生了什么，让孩子有机会为父母考虑。父母什么也不告诉孩子，不让孩子了解父母的状况，以为这样就是对孩子好。实际上，当孩子触碰到父母的底线时，父母依然会恼火。孩子会不知如何面对这样的状况，沉浸在焦虑中。因为他不知道爸爸妈妈为什么会恼火；对于父母来说，潜意识中也会感觉很孤独，觉得所有的事情都是自己扛，一旦孩子不理解自己，就会更加愤怒。

不要被动地等待，要主动地对孩子说出自己的真实状况、感受以及需要。成年人为自己的想法、感觉和行为负责任，孩子便可以量力而行地为父母考虑。

记住有效引导孩子的两条法则：

法则一：希望孩子怎样对你，你就要先怎样对孩子，身体力行地示范给孩子看。

如果法则一没有效果，请借鉴法则二。

法则二：不要被动地等待孩子理解自己，而要主动地邀请孩子来了解自己。

还记得“导读”中的香蕉皮吗？地上有香蕉皮，责骂孩子是无法让香蕉皮自己进入垃圾桶的，父母需要用合适的方式与孩子沟通或主动清理生活中的“香蕉皮”。

第三节

不恰当的引导方式

不管是否有意，父母说出来的任何话，都是一种慢性“催眠”，让孩子朝着父母表述的情况发展。

孩子的某些问题行为，只要没养成习惯，偶尔发生几次也不是大问题。因为这是孩子认知世界的过程，就像刚长乳牙的孩子，抓住什么都想往嘴里放一样。

模仿是孩子学习的重要方式。孩子刚刚接触外面的世界，总会受到外界环境的影响，进而模仿各种行为。

很多父母反映，孩子上幼儿园之后，总会有一些不良的行为出现。比如，孩子第一次说脏话、随地吐痰等，很可能是无意识的模仿行为，如果父母过于紧张，反而会让问题变得更加严重。

当听到孩子说脏话，父母往往会很紧张，不管当时在做什么，都会立刻制止孩子的这种行为，于是孩子无意识地发现：“当我这样做的时候，爸爸妈妈会立刻关注我！”结果父母的教导反而成为一种刺激，让孩子记住用说脏话来吸引注意的方式。

我的孩子在上幼儿园时，有几次回家后会突然说一句粗话，我低着头没有任何回应。她先后说了三四句粗话，但是每句都只说过一次，不久后就遗忘了。

如果发现孩子有重复出现的不良行为，父母需要引起重视；如果发现孩子是有意为之，就需要采取措施来处理。比如，孩子出现吸烟、早恋、逃学等行为，父母就需要给予适度关注。大部分孩子的早期吸烟行为来自群体归属感的需要，周围有同学或者朋友这样做，如果自己不这样做，就会感觉被排斥。

如果父母能够了解孩子不良行为背后的一些心理需求，适度干预，就可以很好地预防孩子后期不良习惯的养成。而在这个过程中，父母的引导非常重要。

在学习如何引导孩子之前，首先要知道什么是不恰当的引导方式。下面是几种父母在面对孩子不良行为时典型的不恰当引导方式。

1. 夸大式指责

"你总是这样！"

孩子可能的反应：我总是怎么样了？我也不是每次都这样！

点评

"你总是这样"夸大了问题发生的频率，让孩子觉得父母是不公平、不讲理的人。孩子无法与父母客观讨论事件，从而不愿意承担结果。

同时，双方有可能把争吵的重心转移到事件的轻重程度上，而非事件本身上。在争吵的过程中，父母往往因为这样的"干扰”，不知不觉忘掉或者转移了自己当初和孩子沟通的目的。

避免夸大式指责的方法：就事论事，不玩数字游戏，不牵扯出以往的其他事件。

2. 贴标签、下定义

“你根本不知道关心父母、体谅父母！”

孩子可能的反应：我不是不关心父母的人！我到底哪里做错了，你给我扣这样的帽子？

点评

没有就事论事，而是“贴标签”。

当孩子做错事情，被贴上“坏蛋”“笨蛋”等不良标签时，只会增加他们的自卑、自贬和罪恶感。这种用贴标签和羞辱的方式来强迫孩子改变错误行为的做法弊大于利。孩子会产生逆反心理，“顶嘴”“叛逆”的行为就可能出现。

如果孩子仅仅这样表现，还不算糟糕，因为他至少还在与父母互动，努力争取能被父母理解；如果孩子连反抗的意念都没有了，那就严重了，因为他感觉“反正你都以为我是这样的人了，我就这样了”，反而丧失了改变的动力。

孩子不一定知道父母为什么说他“没有关心和体谅人”，是没有给父母倒水喝？是没有听见父母说话？还是自己忙于折纸玩？他并不确定父母到底觉得他哪里做得不好。

因此，父母过于主观地下定义、贴标签，不但无法和孩子探讨问题，而且会失去孩子的信任。

避免贴标签、下定义的方法：讲求客观，用行为和事实说话，这样更加有说服力（请看后文的“直述式表述”）。

3. 有话反说

“吃了饭也不知道收拾桌子！”

孩子可能的反应：嘴上不耐烦地说“知道了”，行动上却没有任何变化。

点评

类似的情形还有，当孩子不好好吃饭时，父母对孩子说：“那你以后就不要吃饭算了！”看电视的时候希望孩子坐远点，父母反而说：“往前点，再往前点！”“再往前点你试试！”或者，看到孩子太晚回来，父母责备说：“你干脆不要回来了，住在外面算了！”

反着说话对孩子的杀伤力比“夸大式指责”还要严重。孩子只听到了“不收拾桌子”，而父母的语气和肢体语言又告诉他“你不收拾桌子是错的”，于是孩子会产生双重信息矛盾的困惑心理；而“往前点，再往前点”，容易让孩子产生对父母的恨意和逆反心理，觉得“你故意害我”。

父母说反话，让孩子不知道该如何和父母进行沟通，造成孩子没有安全感；听多反话的孩子容易烦躁，长大以后，做事情和做选择的时候会觉得很艰难，在一些关键点上，不能主动地抓住机会，因为他的内心总是有两种声音在说话。

当孩子觉得写作业有困难和压力的时候，如果父母告诉孩子

“那你就别写了！”这种方法偶尔会有威慑的作用，但是长期使用，会让孩子在潜意识当中认为自己没有资格学习。

避免有话反说的方法：沟通时尽量直接表达。

4. 让孩子为父母的情绪负责

“你把我都给逼疯了！”

孩子可能的反应：好害怕！我真的一无是处。或者：我受不了了！别让我管你的事情！

点评

让孩子为父母的情绪负责。

不断被要求为父母的情绪负责的孩子，非常容易受父母的情绪影响，只要父母不高兴就认为是自己的错；他们的焦点会放在父母的感受上，而不是问题本身，当父母的情绪过去了，孩子的问题行为可能依然会出现。

另外，孩子不断为父母承担情绪压力，当他觉得过于痛苦、不想再这样的时候，他可能会反弹到对立面去——不再愿意考虑父母的感受：“别和我说你的事情，和我没有关系！”

父母该如何看待自己的情绪？在第四堂课“如何做高情商的父母”中，会有进一步探讨。

5. 简单给方法：命令和威胁

这是家庭当中普遍存在的两种方式。在一些紧急情况下，可以适当使用，可如果用得太多，就会引起孩子的反感甚至反抗。

刚开始，由于父母的力量、形象都比孩子强大，孩子会因为害怕父母的权威而听取意见。但时间久了，如果孩子并不能清楚地知道父母这样做的原因，他们可能表面上顺从，心里却出现强烈抵触和逆反的情绪；或者表面答应，行动上却消极对抗。于是在父母眼中，孩子会变成“小时候都很乖，可到了十二三岁就开始叛逆、不听话”。

以上几种不恰当的引导方式用久了，会形成一种慢性“催眠”，也就是说，孩子会无意识地认同父母对自己的定义，这种定义会成为他潜意识意象的一部分。

比如，一个孩子学习滑旱冰，不论摔了多少次，他都相信只要不断练习就可以做得很好。然而，一个断定自己不会滑得好的孩子，就会不断搜集能够证明自己滑不好的信息，即便已经学会了，也会因为几次摔跤而认为自己没有学会，然后慢慢放弃。

慢性催眠往往会成为一个自我实现的预言。如果父母在孩子的潜意识里种下了某种预言，孩子就会按照这个预言不自觉地呈现相同的行为，而父母会在这种“轮回”当中越陷越深。

因此，父母需要多加注意教育孩子的方式和方法，不仅要让孩子看到父母的规则，也要让孩子看到父母的爱。

只有感受到被爱，孩子才会更发自内心地爱父母、尊敬父母，真诚地接受父母给予的经验礼物，接过父母的接力棒，更加努力地跑下去。

第四节

在分享中让孩子感受到关爱

家庭生活中出现了一些不和谐的情况，往往是因为家人没有把爱和善意恰当地表达出来，争吵也常常是因为日常生活中小事的沟通和处理不恰当。

父母使用了不恰当的方式来表达关爱，会让孩子在接收这份关爱时产生困惑。

苏丹梦见自己所有的牙齿都掉了。一觉醒来，他连忙召来智者为他解梦。

智者说："陛下，您很不幸，您每掉一颗牙齿，就会失去一个亲人。"苏丹大怒："你这个大胆狂徒，竟敢胡言乱语，给我滚出去！"

苏丹又找来一位智者，向他述说自己的梦。智者听完说："尊贵的陛下，您真幸福呀，这是一个吉祥的梦，意味着您比您的亲人更长寿。"

苏丹听完后，命人奖赏这位智者100个金币。

这位智者走出宫殿时，一位侍者走过来对他说："真是不可想象，其实你同前一位智者说的都是一个意思，为什么你会得到奖赏？"智者语重心长地说："很简单，一切都是由表达方式决定的。"

真理就像一块宝石，如果拿起来扔在别人脸上，就会造成伤害；如果加上精美的包装，诚心诚意地奉上，对方必定会欣然接受。因此，即便父母想要关爱孩子，首先也要尊重孩子。

分享式表述，为孩子提供更多做选择的平台。

下面开始实践我们的表述方式，希望父母们在生活中对孩子多用这些表述方式。

1. 用"我觉得……会比较好，不过要由你自己决定"替换"你必须……"

饭店里，一家人在举办家庭聚会。

⑪ 不恰当表述

孩子："我要点菜！"

妈妈："没问题，我知道你最爱吃的是黄花鱼，要个黄花鱼。"

孩子："我今天不想吃！"

妈妈："你上次最爱吃这里的黄花鱼了，来一个！"

爸爸："孩子不是要点菜吗？"

妈妈："他已经点了，点了上次他爱吃的黄花鱼！"

孩子气坏了："我根本没点！"

妈妈："你怎么没点呢？不是给你点了上次爱吃的黄花鱼了吗？你还要怎样？"

孩子（声音变大）："那不是我点的，是你点的好不好？我不想吃！”

妈妈（也生气了）：“你这个孩子怎么回事？帮你点你爱吃的，你有什么不高兴的？喊什么！”

旁边的阿姨：“孩子爱吃什么让他自己点好了！”

妈妈：“不理他，这么大的孩子就知道找事，蹬鼻子上脸！”

13岁的男孩气得眼泪直流……

参考表述

妈妈：“我觉得上次来的时候，你特别喜欢吃这里的黄花鱼，给你点这个菜如何？”

孩子：“我今天想吃其他的，比如排骨之类的。我自己来看看吧！”

妈妈：“好吧，你来决定你自己的那份。”

点评

到底是谁需要呢？是孩子需要，还是妈妈认为孩子需要？妈妈认为的不见得是孩子认为的；妈妈产生某种感受，孩子未必会产生同样的感受。

当父母把“我们觉得孩子需要”的内容扣上“孩子的确需要”的“帽子”，就会让孩子感受到胁迫和不安全。

即便父母非常了解孩子，也要考虑因为时间、环境、前提的不同，孩子的感受、喜好也可能会有所不同。如果父母把“我”的感受和“孩子”的感受分开来谈，孩子会更容易接受。

父母习惯性地替孩子作决定，结果往往是父母走了孩子的路，让孩子无路可走。生活中这样的案例比比皆是。

在一次亲子讲座后，一位妈妈带着8岁的孩子来见我，孩子的问题是对任何事都提不起兴趣。

于是我问了孩子三个问题：

我：“孩子，你最喜欢的事情是什么？”

孩子摇摇头：“不知道。”

我：“你最喜欢的东西是什么？”

孩子摇摇头：“不知道。”

我：“如果阿姨给你一朵三色花，可以满足你的任意三个愿望，你愿意做什么？”

孩子惊喜地说：“真的吗？”紧接着沉默了2分钟，再次摇摇头：“不知道。”

经过简单咨询我了解到：在讲座前一天，妈妈刚花了一万块钱给孩子报名参加兴趣班。孩子喜欢跳舞，想要报舞蹈班，妈妈说女孩子弹钢琴会更优雅，于是报名钢琴班；孩子喜欢画画，想要报儿童绘画班，妈妈说学习国画会让人更有气质，于是改报国画班。

这是在培养孩子的兴趣，还是在扼制孩子的兴趣呢？

父母总是认为自己比孩子更清楚他需要的是什么，实际上，父母的做法只是一厢情愿。

这个“一厢情愿”包括代替孩子决定可以，以及代替孩子决定不可以。又比如，孩子说：“爸爸，学武术好累啊！”爸爸说：“你觉得累，那就不学了！”

还有很多家长经常说：“现在的孩子多累啊！不要给孩子报

那么多兴趣班。”实际上，真正的累不在于身体，而在于内心的感受。如果做喜欢的事情，就算熬夜，心里也觉得不累，还很有成就感。

更多的时候，也许只是父母担心孩子觉得累，孩子其实并不觉得累。

孩子的承受力需要他自己检验过才知道。不该由父母来判断他必须做什么，他不能做什么。父母在代替孩子决定“可以”或者“不可以”时，都是在按照自己的思维方式来塑造这个孩子。

如果孩子长大以后仍然依赖父母，不要只责怪孩子，请反思一下自己的教育方式，想想自己是不是曾经给过孩子机会，让他为自己负责？

在当前的中国社会，一个孩子往往受到几位长辈的爱护，一个孩子通常要面对6个大人——爸爸、妈妈、爷爷、奶奶、姥姥、姥爷。这6个人都很爱孩子，也都觉得自己对孩子有管理权和话语权。

试想一下，在工作单位，如果同时有6个领导对你具有话语权，对你的工作直接进行领导、监督和管控，你的日子会过得如何？

我们的孩子就生存在这样的状况下，甚至有过之而无不及。从吃饭、睡觉到玩耍、学习再到习惯养成，无一不在大人的指挥和监控下，孩子的生活也不容易啊！在这种复杂关系中长大的孩子，自然更容易出现困惑和裹足不前的行为。

如果所有的行为都要按照外部的标准来衡量，孩子就会缺乏自我认知和主动进取的热情。一旦失去了外界的刺激，孩子就会停止进取，感到茫然无措。

因此，父母的经验可以让孩子借鉴，然后由孩子根据自己的情况，做出适合自己的决定。这样能让孩子为将来对自己的各种行为和决定负责做好准备。

2. 用“看到你……我心疼……想和我谈谈吗”替换“我不想听你说，快按我说的去办”

孩子不知道如何做好一件事。

不恰当表述

妈妈：“你怎么这么傻啊？真丢人！这么简单的事情都做成这样？不会问吗？”

孩子可能的反应：妈妈的面子比我重要！发生状况就羞辱我！

参考表述

妈妈：“看到你为这件事这么着急，我都心疼了！需要我和你一起探讨一下吗？”

孩子可能的反应：好温暖、好贴心的问候啊！妈妈是真的想帮助我！

点评

帮助孩子的同时，也需要尊重孩子。上面的参考表述既表达了妈妈的关心，又尊重了孩子的感受，还表达了妈妈想继续与孩子探讨的意愿。

在孩子不想和父母谈话的时候，如果强行逼着他谈话，要么就像不敲门进入他的房间，有偷窥和干涉的嫌疑；要么会吃闭门羹，父母精心准备的谈话无法达到效果。

天冷了，妈妈想让正值青春期的孩子添一件衣服。

不恰当表述

妈妈："天冷了，多穿点衣服。"

孩子："没事！"

妈妈："你怎么回事，告诉你天冷要加衣服，你怎么不听？"

孩子皱着眉头说："妈，真的没事，别这么啰唆好不好！"

妈妈火了："让你穿衣服你不穿，好心当成驴肝肺！"

孩子生气了，摔门而去！

参考表述

妈妈："天冷了，你穿得这么少，如果感冒了我会心疼的。"

点评

在不恰当表述中，妈妈关心孩子，结果却让两个人都不舒服。原因就在于妈妈总认为：我是关心你，你就应该接受。

父母在关心孩子的身体健康、衣食住行的同时，往往容易忽略孩子内心的感受。直接命令的方式，总会让孩子感觉不被尊重。孩子的年龄越大，这种感觉越明显。

实际上，需要帮助的人更需要被尊重。古语说"不食嗟来之食"，即使我们是在帮助孩子，也要带着尊重对待他。

那么，尊重体现在什么方面呢？不是父母控制孩子的行为，而是父母提供经验给孩子，由孩子来做决定。

3. 用“我担心……会对你有……的影响，你觉得呢”替换“再这样下去，你就完蛋了”

孩子挑食。

⏸ 不恰当表述

妈妈：“你再这样下去，脸色难看、体型瘦弱，没有人会喜欢你！”

孩子可能的反应：我知道你不喜欢我，还说别人不喜欢我！（或者：你不喜欢我就算了，还诅咒我！）

▶ 参考表述

妈妈：“如果不养成好的饮食习惯，我担心你会营养不良、体力下降、身体不适，从而影响学习成绩和在校的表现，你觉得呢？”

孩子可能的反应：哦，原来妈妈在关心我的身体和学习状况。

点评

父母如果用“再这样下去，你就完蛋了”之类的话语，给孩子的感觉可能会过于主观，甚至有威胁、夸大、下定义、伪装的嫌疑。

孩子作业写不完。

⏸ 不恰当表述

爸爸：“你今天不写完作业，明天老师会责备你！”

孩子可能的反应：爸爸吓唬我、威胁我，真讨厌！

参考表述

爸爸："如果你今天不完成作业，我担心明天到学校，老师会对你有不好的看法，你觉得呢？"

孩子可能的反应：爸爸在提醒我不要让老师失望。

点评

威胁会让孩子把注意力转移到"威胁的话语"上，而不是事情本身。孩子的社会经验少，尤其是年龄较小的孩子，考虑事情不够周全。父母以恰当的方式清晰地和孩子交谈，让孩子接收善意的提醒，能更好地帮助孩子了解自身忽略的问题。在本书的第七堂课"处罚"中也将谈到，对于孩子的不恰当行为，最好的处罚就是让他承担自己行为的后果，从中吸取经验和教训。

第五节

如何提高孩子的抗挫折能力

易中天说过一句话："亲子教育中最可怕的就是励志教育。"意思是说，当我们在谈"励志"的时候，就已经提前否认了孩子拥有志向，再去培养他的志向，这本身就是一种不信任。

对易老师的话，我是比较认同的。父母需要做的是发现孩子的潜能，而不是创造孩子的潜能。

每个孩子都有努力向上的渴望，都想做得更好，从而得到父母的尊重和认同。然而，正如同样的石头在珠宝市场可能会被人争相抢购，在菜市场却无人问津一样，父母提供的信息平台不同，孩子拥有的价值观也不同。

我认为，"励志"的重点不在于培养孩子努力向上的心，因为每个孩子都具有积极向上的心，只是需要用更合适的方法来引导。

父母的教育重点在于给予孩子更多知识和信息的平台，为孩子提供多种选择。

与其命令一个孩子改变，不如让他拥有改变的动机。

7岁的儿子晚上写作业。

孩子已经连续写字一小时了，我觉得有几个字的笔画他没有写对。

⏸ 不恰当表述

以前也有过类似的经历，当时我就对他说：“这两个字怎么写的？笔画都错了！”

孩子一听就气坏了，把笔一扔不写了。

▶ 参考表述

这一次我看时间都已过去一小时了，孩子看起来也比较累，对于要不要提出我的想法，我心里有些矛盾，最后还是决定尝试一下。

妈妈：“你觉得这几个字写得怎么样？”

孩子：“很好啊！你觉得呢？”

妈妈：“你真的想听我的意见吗？”（确认孩子是否需要我的意见）

孩子笑嘻嘻地说：“是的。”

妈妈边比画边说：“那就谈点我的感觉，我感觉这几个字的笔画好像没有写对，你觉得呢？”

孩子不高兴了：“哎呀，你又要让我重写。”

我停了一下接着说：“妈妈并不是非要你这么做，我只是说出了我的感受而已。当然，最后由你自己决定是继续练习，还是先休息，下次再练习。”

他坐在那里嘟囔，我在旁边静静等待他做出决定。

他深呼吸了几次，又拿起笔继续认真地写字。在这一刻我心里真的很佩服他能够调整心态……

20分钟后练习结束，我的丈夫端着牛奶过来了，我对丈夫说："今天儿子真的很让我感动，写字写得脖子和手都酸疼了，而且中间有一次因为感觉非常累，差点想放弃了，但是最后还是坚持写完了。"然后，我转过头对孩子说："宝贝，你今天这样坚持不懈地努力，妈妈为你感到骄傲。"

孩子非常高兴地说："我明天还要写得更好。"

妈妈分享

孩子面对挫折是有自我调节能力的，我原以为，如果不刻意提醒他犯的错误，他就会把错误不当一回事。而我现在知道了孩子也会考虑外界的因素，比如字要是练好了，老师会怎么看。

还有，我发现孩子在面对困难的时候，并没有我想的那么娇气。当他生气和低头嘟囔的时候，我都很心疼，非常想说："是不是太累了？如果太累了就别写了，休息吧。"但是我又想起不应该轻易替孩子做任何决定，尤其在他有困扰的时候不应该采取体谅式应对的方法，所以我就狠下心没说出来。结果他真的挺下来了，这是一个非常大的进步。

也许我以往使用的批评方式过于严厉，让他有点受不了，他才采用了逃跑和放弃的方式。当我的方式变化了，孩子也就改变了。父母真的不能轻易给孩子下定义。

点评

非常感谢这位妈妈的分享，有时候父母认为的未必就是对的。

的确，和孩子分享观点时，不应该直接代替孩子做决定。否则，孩子会形成依赖性思维方式，只要有问题就来问父母，一旦出现了大家都不想看到的结果，孩子可能会抱怨父母："都是你们让我这样做的，看把我害成什么样子了。"

父母要尽量让孩子为自己做决定，而不是代替孩子做决定。责任与权利是一体的，当孩子有了选择的权利，他就必然会对选择负责任。

父母可以经常使用下面的语句：

"我觉得这个问题是这样的……不过最后还是要你自己来决定。"

"我的经验是这样的……如果你来做，可以借鉴哪个部分？"

"如果是我可能会……但是不知道你感觉怎么样？"

当父母表达"这是我的想法，供你参考"，而不是说"你必须按照我的想法来做"时，孩子就不会有被控制的感觉，便会更愿意考虑父母的意见。

如果孩子按照你的建议做了调整，别忘了肯定他做的改变。尤其应该和别人分享他的改变。

妈妈和13岁的女儿总结英语学习经验。

孩子觉得英语考试成绩达到中等水平就可以了，不愿意花太多心思背单词。

不恰当表述

妈妈："你现在就考成这个水平，以后功课多了，词汇量积累不够，你可能考不及格呀。"

孩子可能的反应：妈妈总看扁我，不认同我。

参考表述

妈妈："在我的经验中，刚学英语时，只是背背单词，以后加上句型变换和阅读理解方面的内容，学习量就会增加；如果在学习英语的早期多注意词汇的积累，以后可以把更多的精力放在其他难点的学习上，这样以后的学习就不会过分紧张了。"

孩子："哦，原来以后还有更多要学习的内容啊。我原以为学习英语就是背单词、学对话呢。现在我知道了，我会花更多的时间去背单词的。"

点评

要让孩子调整不恰当的行为，不能采用简单批评的方式，而要告诉他为什么应该调整自己的行为。

很多时候，孩子不是不愿意改变，只是不明白父母为什么要让他改变，当他了解原因以及不恰当行为的实际影响时，改变的动力就增大了。

第六节

做有说服力的父母

有的父母会问，假如使用了分享式表述技巧之后，孩子的行为依然没有改变，那怎么办呢？

先来分析一下孩子的行为为什么没有改变，原因大致如下：

（1）孩子并不知道自己的行为会对自己造成什么样的影响。

（2）孩子并不知道自己的行为会对父母造成什么影响。

（3）孩子对改变感到担心和困惑。

对于（3）的情况，需要学习倾听技巧，进一步了解孩子的需求（见《戒掉爱中的伤害：只需倾听，别插手！》）。对于（2）的情况，在后文中将介绍如何让孩子清晰地了解自己的行为对父母和其他人的影响。

现在来看看（1）的情况：

孩子并不认为父母说的问题是问题，可能有两个原因：父母的理由没有说服力；父母示范的行为和言语自相矛盾。

一、父母的理由没有说服力

父母给孩子的理由，一定要是孩子在意的。

（1）妈妈："你如果继续这样，我担心医生会不喜欢你。"

孩子的反应：我才不在意医生的看法呢。

（2）妈妈："你如果这样，我担心奶奶会揍你。"

孩子的反应：奶奶从来不会揍我，你别吓唬我。

妈妈的话没效果，是因为妈妈给出的理由孩子不在乎，或者孩子根本不信。

给孩子分享经验，关键要找准重点，让孩子认为这是他需要的。

记得有一位爸爸发现青春期的孩子抽烟，他告诉孩子不能抽烟，但孩子还是照抽不误。于是爸爸找到一张"老烟民"的肺部图片，孩子看了图片的内容吓坏了，马上不吸烟了。这就是找对了实际的关键点。

我曾经和来自北京大学和清华大学的多位高考状元交流过，他们当中有不少人从小就从父母那里得知这两所大学是怎样的学校，甚至和父母一起到校园中亲身感受过，然后决定了自己的学习目标。

这种经验分享的方式，与父母整天对孩子说"你要考北大""你要考清华"的灌输是完全不同的。简单的灌输是空洞的，力量很薄弱，孩子不会发自内心地认为父母的目标就是对的，因为他对父母的目标没有任何概念。

让孩子接触现实中美好的事物，孩子才有机会从小就树立自己的志向。

二、父母示范的行为和言语自相矛盾

两位爸爸都使用了相同的分享式表述技巧，结果出现了完全不同的情况。

两位爸爸分别对自己的孩子说："爸爸担心你这样严厉地对人说话，别人可能接受不了。"

孩子1："知道了，爸爸，我会注意的。"

孩子2："我不这样说话，别人才不会理我呢。你看妈妈好好和你说话的时候，你都没有注意，非要大声喊，你才会听。"

想让孩子借鉴父母的方法解决问题，最重要的莫过于父母以身作则。让孩子看到父母的行为及其结果，自然最有说服力。

希望孩子怎么对你，你就要先怎么对待他。这是一条重要的关系引导法则，你要孩子笑着对你，你就要先笑着对孩子。

一位焦虑的妈妈整天皱着眉头跟孩子说"你高兴一点"，孩子能真正高兴起来吗？

每个孩子生来都是一张"白纸"，父母给他们示范了什么样的行为，他们就用什么样的行为反馈父母。父母良好的示范，会让孩子感同身受。

综上所述，分享式表述要有良好效果，父母需要注意：

（1）分析的内容对孩子是否有效；

（2）是否以身作则地给孩子做示范；

（3）是否允许孩子的选择和自己的想法不同。

第二堂课

The Second Class

用恰当的方式向孩子表达不满和批评
——直述式表述

本堂课属于“父母在问题区域”

爱，
不仅仅为了爱你，
也为了爱我。

第一节

父母也需要被孩子理解

父母每天做家务，努力工作，希望给孩子提供更好的生活环境；一周辛苦工作了五天，到了周末，还要陪着孩子逛公园，或者买学习用品和衣服，陪孩子做孩子喜欢做的事情；在孩子生病的时候，父母整宿地陪伴，整晚地担心，早上依然要起来给孩子准备早餐。父母为孩子付出很多，但很少告诉孩子自己的感受，很少告诉孩子自己也需要被理解。面对孩子的时候，父母的眼中和心里都是孩子，却常常忽略自己。

于是，当孩子看着父母辛辛苦苦准备的午餐，皱着眉头、撇着嘴时，父母可能会说："没什么好挑的，就这个东西，爱吃不吃！"这时，父母忽略了自己的付出被忽视的委屈。结果，孩子只看到了"爸爸妈妈真不拿我当回事"，却没有发现父母在背后所有的付出。

当孩子买零食、日用品，不看价格就买单时，父母可能会说："你这样将来怎么管理自己的财物？"这时，父母忽略了自己的劳作和付出。结果，孩子只看到"爸妈就是不想给我买"，却没有看到父母希望孩子适当节俭的愿望。

父母希望把最好的东西都给孩子，希望他顺利成长、优秀而快乐，可父母很少让孩子知道，这一切背后父母所付出的努力。

很多父母认为，照顾孩子是分内的事情，把自己的困难说给孩子听，孩子会过分担心父母。实际上，父母不对孩子说这些事情，会让孩子失去学习回馈和感恩的机会。

有些父母以为，为孩子做的一切不用说，说出来反而好像是对孩子斤斤计较。其实，往往就是这种想法造成了父母和孩子间的隔阂。

很多父母刻意不让孩子知道自己的辛苦，不想让孩子有太多牵挂，不想把自己的不快乐传递给孩子，让孩子产生负担。

只是，这种想法过于理想。因为父母与孩子的冲突是不可避免的，当产生冲突的时候，父母又希望孩子能够理解自己。这本来就是一个矛盾的心理。

心里有委屈不说出来，父母的脸色和表情会泄露内心的不满，如果不表达出来，反而让孩子不知道该如何面对。而当父母用不恰当的方式表达出来时，会让孩子感觉父母在排斥他。

父母应当用恰当的方式向孩子表达不满和批评，因为孩子如果发现自己的变化能够给父母带来宽慰，就会懂得从这些小事中照顾他人的感受。学习这样的表述方式，以后也能够用同样的方式表达自己的感受，得到别人的理解，而非受到威胁后立即攻击他人。这对那些习惯用暴力解决问题的孩子来说，是非常好的示范。

我看到很多被定义为“自私、不体谅他人、不拿规则当回事”的孩子，当父母请求其帮助的时候，他们表现出极大的配合欲望和事后满足感。每个孩子生来都有帮助他人的心，只是有些父母没有及时给孩子机会。

当然，父母不能每次不高兴时，都要孩子来理解自己。

父母如何避免把自己的情绪凌驾于孩子之上，又能让孩子理解自己呢？需要做到三点：

（1）用合适的表述技巧邀请孩子了解自己的状况；

（2）用合适的表述技巧告诉孩子他怎么做可以帮助自己；

（3）了解自己内心的不满情绪中，哪些是可以通过和孩子沟通来解决的，哪些是该自己解决的。

做到以上三点，就可以给孩子减少不必要的压力。

第二节

最好的批评是明确说明不满的感受

以往父母批评孩子的方式，都不是在说“我不舒服”，而是在表明“都是你的错”。正是这种方式让孩子产生了排斥的心理。

现在父母不妨尝试学习说“发生了……事情，我感到不舒服”，让孩子来体谅父母的感受，然后看看孩子会有怎样的反应。

明确表达不满的直述式表述技巧包括三部分内容：

（1）不责备地描述孩子在事件中的行为；

（2）说明这个行为对父母或公众区域的真实影响；

（3）说明父母因为这个影响而产生的感受。

这三部分可以不按顺序随意组合。

一、父母敢于表达自己的感受，孩子就能学习体谅

以往批评孩子时，父母总是在表述孩子行为的对错。在孩子眼里，父母是高高在上的，自己与父母是不平等的。

当父母不去批评孩子的行为，而是和孩子分享感受时，孩子

就会开始思考父母的状态和需求。

13岁的女儿乱发脾气。

暑假期间，13岁的女儿在家里打不开电脑光驱，打电话来问我。

由于是上班时间，我正在与客户交谈，告诉她暂时不方便立刻应答。她在电话里开始发脾气，高声地大喊大叫。由于电话漏音，旁边的客户听得一清二楚，让我非常难堪。

如果在以前，我会这样说："别人上班的时候，你打电话大喊大叫，太糟糕了，什么毛病。我告诉你，下次不许你这样，太没礼貌了。"

于是她会歇斯底里地和我争执，不停地重申她的观点，直到谈话没法继续或者我去帮助她解决问题。有时她在电话中发脾气后，会直接挂掉电话。

这一直是个让我头疼的问题：为什么孩子总是意识不到自己的问题，不能理解父母呢？

与客户的谈话结束后，我马上赶回家，在路上她再次打电话给我，我使用了直述式表述技巧清晰表达了我的感受："刚才你打电话给我，在电话里大喊大叫。我在上班，旁边的客户听得清清楚楚，这让我非常尴尬。"

这是我第一次陈述自己的感受——"尴尬"。当我说完这句话，孩子安静了下来。我知道表述生效了。

回到家，破天荒地，她没有继续向我大喊大叫，也没有要求我立刻给她打开电脑光驱，而是笑着对我说："妈妈，我饿了。"

我知道这是她认错的一种方式。虽然她还没有学会道歉，可她意识到了自己的问题。

以前我没有让孩子知道我的感受，现在我明白，当我这样表述自己的感受时，反而能获得孩子的尊重。

点评

很多孩子的脾气非常大，对父母不太尊重，这与父母表述不满的方式有关。父母总是在评判孩子的行为不恰当，却没有把原因告诉孩子。所以在证据不充分的情况下，孩子不理解，不愿意接受父母的不满。

因此，不要简单地给孩子贴标签，说他“不知道尊重人”。父母要讲究方法，要给孩子学习尊重和体谅的机会。

二、当孩子知道父母发生了什么，就能够更好地配合父母

爸爸下班回家很疲惫，与5岁的女儿对话。

⑪ 不恰当表述

爸爸下班回家心情很好，孩子过来和爸爸亲近，给爸爸表演节目，爸爸对她说：“嗯，真是个好孩子。”于是孩子了解到爸爸喜欢她唱歌、跳舞。过了两天，爸爸下班回家疲惫不堪，可是孩子继续为他唱歌、跳舞，爸爸说：“你怎么这么烦，说了让你别乱跳了，你还跳。”

孩子心里很矛盾，为什么大人的想法总是变化多端？一时喜

欢我唱歌跳舞，一时又不喜欢，到底我怎样做才是个好孩子呢？

简单地评价“你是好孩子”或者“你不乖”“你让人心烦”，会让孩子不知道发生了什么。

▶参考表述

在孩子第一次表演的时候，爸爸可以说：“爸爸看到你这么美的歌舞表演，为你感到非常的骄傲！”（参考《戒掉爱中的伤害：只需倾听，别插手！》中的推进式表述技巧。）

在孩子第二次表演的时候，爸爸可以说：“谢谢你看到爸爸累了，想用你的节目来让爸爸放松。你这么关心爸爸，让爸爸很开心。只是爸爸最近连着几天都在熬夜，所以非常累，连看你表演的精力都没有了，想要先休息一会儿，谢谢你！”

点评

很多时候，父母自己累了，却在说孩子“烦人”，说他“错”了。

如果父母用“不好”“不应该”评判孩子的行为，却不说清楚评判的原因，孩子就只能看到父母的不高兴，却不知道父母为什么不高兴，更不知道自己该怎么做。

把感受和行为判断混为一谈，这是描述感受时最容易犯的错误。

行为判断让孩子感觉父母是在下定义、贴标签，在对话时容易引起孩子的反感。描述自己的感受则更容易让孩子理解和接受。两者的区别是，行为判断是针对孩子的行为来表述的，而感受表述是针对父母本人，表达出本人在当下事件中的情绪状况，比如喜、怒、哀、惧等。因此，表述的结果不再是“你不对”，而是“我不舒服”。

因此，当爸爸清楚地表达了自己的感受时，孩子会明白“哦，原来爸爸喜欢我唱歌、跳舞，但是累的时候他需要休息”。孩子清楚地了解到父母到底喜欢自己做什么、不喜欢自己做什么，她会知道“我唱歌和跳舞的时候是美的，只是在爸爸妈妈累的时候，他们没有精力看”。

这样，孩子就知道如何判断“好”和“不好”了。

第三节

事件重述是了解真相的开始

有效谈话的要点在于事件重述。事件重述是了解真相的开始，也是提高表达能力的开始。如果只记住了他人留给我们的印象和感觉，而忘记了客观事件，那解决问题时就会遇到障碍——因为不知道真实的问题是怎么产生的，当然也不知道怎样去更好地解决它。

我们要提高事件重述的能力，需要先学会行为描述。行为描述仅仅包括眼睛看到的、耳朵听到的、身体触摸到的内容，不包括形容词、副词等的形容和判定（切忌下定义），如：

“他是个自私的人！”（不是行为描述）

“刚才我手里抱着小孩，他没有让座。”（是行为描述）

为什么要强调行为描述呢？来看一个例子。当我们表述：“你真是个自私的人！”对方可能会否认，同时会感到莫名其妙：“你凭什么这么说我？”当我们表述：“刚才你没有给我让座，而我手里抱着小孩，很想坐一下，可以告诉我为什么吗？”对方可能回答：“对不起，昨天我的脚扭伤了，所以没有给你让座！”

这就是行为描述的好处，让双方的谈话有探讨的余地。

妈妈在赶一份年终报告，15岁的儿子在旁边看电视，声音很大，妈妈觉得受到了影响。

不恰当表述

妈妈："你开这么大音量看电视，吵得我都没有办法写报告。"

参考表述

妈妈："当我写报告的时候，旁边太吵的话，我就不容易集中注意力，这让我很着急！"

孩子可能的反应：妈妈写报告的时候，看电视音量不能开太大，以免影响她。

而不是：妈妈不许我看电视音量开太大。

所以，行为描述和影响描述一定要客观。

12岁的儿子没有把喝剩的酸奶及时放回冰箱。

不恰当表述

妈妈："你不把喝剩的酸奶放回冰箱……"

参考表述

妈妈："我看到你没有把喝剩的酸奶放回冰箱……"

点评

在描述孩子的具体行为时，如果加上"我看到""我听到""我注意到"等词语，会减弱孩子的敏感度。

对比"你不把酸奶放回冰箱"和"没有把酸奶放回冰箱"，"不"已经主观判断了孩子没有行动的意愿，而"没有"表达的是孩子的行为，却没有对他的动机作判定。

第四节

让孩子清楚其行为对他人的影响

有效表达不满需要让孩子清楚其行为对他人的影响。

对影响的描述要切合实际，不能只表述情感，而忽略行为对我们的真实影响。只有找到影响，才能知道我们要解决的问题是什么。然而，很多父母总是说不清楚自己身上发生了什么。下面就一起来看看几个生活实例。

一、影响不是情绪和感受描述

9岁的儿子放学回家，把书包乱放在饭桌上。

实际影响：把饭桌弄脏了，不卫生。

而不是：我很生气！

点评

影响不是情绪和感受描述。

很多成年人容易掉入负面情绪当中，却无法了解到底发生了什么。

“今天他把我给气得不行！”“为什么生气呢？”“不知道！只是记得很生气！”

这样的问题是很难探讨下去的。

爸爸大声地对孩子说：“你真是气死我了！今天晚上不许再进客厅。”当晚，孩子给爸爸的留言条上写了一句话：“爸爸，请你在批评我的时候，告诉我是为了什么批评我。”

是不是只要父母生气了，孩子就要理所当然地改变呢？如果“当父母生气了，孩子就要改变行为”的话，父母是在要求孩子为父母的情绪和感受负责。然而，这样做一方面会让孩子习惯性地为他人的情绪负责，导致孩子容易受外界情绪的影响而不敢坚持自我；另一方面，这样做也干涉了孩子的精神边界，把父母的责任放在了孩子身上。

所以，要确切地说出真实的影响，让孩子清楚这个事件对父母造成了什么样的影响。让孩子为自己的错误行为负责任，而不是对父母的不良情绪负责任。

成年人和孩子看问题的角度是不同的。对于3岁的孩子来说，心爱的玩具被抢走了，哪怕只是一块小小的积木，那也是一件很大的事情，而这在大人看来却是无关紧要的；可对于大人来说，非常重要的工作和事业，在孩子看来可能是一个非常模糊的概念。

所以，有些沟通的过程不能够简化，否则以后父母可能要花费更多的时间去解决问题。一定要清楚地告诉孩子，事件对父母的具体影响。

二、影响不能过于夸大

11岁的女儿把没有吃完的饭偷偷倒入了垃圾桶。

实际影响：可能导致孩子营养不够，饿肚子，同时浪费了粮食。

而不是：爸爸妈妈省吃俭用，你这样糟蹋粮食，浪费的钱都够我们吃一年的早餐了！

点评

描述影响不能过于夸大。

夸大的表述，一两次也许有效果，但也隐藏着风险——当孩子理解了实际的严重程度时，他就会对父母的话语产生怀疑。

当孩子看到妈妈一次花几百、几千元买一件衣服时，孩子的心里会想："原来我妈对我这么小气，自己却随便乱花钱，我只不过是倒掉了一点点饭而已。妈妈对我不够好！"或者"妈妈总是吓唬我，哪有她说的那么严重，以后不信她的话了"。

这样一来，父母与孩子之间的长久信任关系就会受到影响。

三、让孩子了解真实的影响，而非仅仅简单地下指令

13岁的儿子在房间里打篮球。

⑪ 不恰当表述

妈妈："不要再玩篮球了！"

参考表述

妈妈：“在家里打篮球，很容易把家里摆放的物品弄乱，甚至会砸坏东西。这样不但会损坏财物，还要花精力收拾。”

点评

给孩子提供改变的动力，比告诉他如何改变更加重要。

父母表述不清晰，是因为总是习惯性直接给解决方案，而在此之前没有让孩子知道确切的原因。如果让孩子了解自己的行为对父母真实的影响，就会增强孩子改变的动力。

在上面的例子中，父母问问自己，是不是真的不喜欢孩子打篮球呢？其实并不是打篮球这个行为不好，而是在家里打篮球会造成不好的影响。所以，真实的影响是：家里的整洁、物品的完整以及安静的环境可能遭到破坏。

有些父母来咨询我：“马老师，你可不可以告诉我，如何让孩子不再打篮球？”“如何让孩子不再上网看动漫？”

问题真的是不让孩子做这些事情吗？孩子也很愤怒：“我也没有伤害到你，为什么就不让我做？”静下心来想想，其实是没有找到这些事情真正的影响。

如果孩子各科考试成绩都很优秀，父母是否愿意让他打篮球？如果他考得一塌糊涂还去打篮球，父母的感觉又是怎样的？其实，父母担心的是孩子不能很好地安排学习和放松的时间，而非排斥打篮球这一行为。

12岁的儿子上网看动漫的时间太长。

孩子每天都要在网上看一两个小时的动漫，到了周末，还会用更多的时间上网。

不恰当表述

妈妈："不要再看动漫了！"

参考表述

妈妈："我知道你非常喜欢动漫，它也的确非常有意思！问题是，我有点担心你复习功课的时间不够，而且如果看的时间太长，对视力的影响非常大。"

点评

父母真的是不希望孩子上网看动漫吗？动漫是孩子间的话题之一。孩子了解动漫，也是让自己的思维与时俱进，拥有更多和同学交谈的话题的一种方法。有一些孩子因为喜欢看外国动漫，他们自然学会了多种外语的基础对话，这都是动漫带给孩子们的乐趣和收获。

如果父母知道了这些，还允许孩子看动漫吗？问问自己，孩子上网看动漫对父母的影响到底是什么？父母担心的到底是什么？

父母更多的是担心孩子有网瘾，担心孩子不能安排好自己的学习时间，担心孩子的视力变差等，而不是看动漫本身。

父母无论有什么想法，当用直述式表述方式对孩子说出来时，会让孩子更容易接受。

找到了真实的影响，父母与孩子才有可能寻求更多的解决方案。

第五节

综合应用三要素表述不满

直述式表达的三要素包括客观行为描述；这个行为具体而真实的影响；父母自己因为这个影响而产生的感受。本节分享一些父母的学习日记，我们一起来练习直述式表述。

有客人在客厅留宿，7岁的孩子很高兴，晚上在客厅玩耍不愿睡觉。

（1）客观行为描述：今天阿姨要睡在客厅，明天早上很早就要出门了；你却在这里玩耍。

（2）这个行为具体而真实的影响：阿姨睡不成觉，明天阿姨会太累，不能很好地把事情做完。

（3）自己因为这个影响而产生的感受：担心。

合起来的表述：孩子，今天阿姨要睡在客厅，明天早上很早就要出门了。你在这里玩耍，阿姨就睡不成觉了。妈妈担心明天阿姨会太累，不能很好地把事情做完。

妈妈分享

这是我第一次使用技巧和孩子对话。

原来我会对孩子说："孩子，很晚了，要睡觉了！明天你还要上学！"孩子没反应，说了四五遍，孩子还是没有反应。孩子经常这样，像洗澡、睡觉等事情，说一百遍，他也不听你的，总是最后我要发火了，他才肯磨磨蹭蹭地去做。

这次尝试之前，我还在怀疑这种方法是否有效，因为觉得和平时说的话没有太大区别，没想到按照学习的步骤只说了一遍，孩子就去睡觉了。太让我惊喜了！

其实孩子不是不愿意配合父母，只是因为不知道父母为什么要他这么做才不行动。

点评

每个孩子生来都愿意协助父母，只是很多父母太少说自己的感受，反而过多强调孩子的对错。

当孩子不认为某种行为是个问题时，父母向孩子说明这种行为对父母具体的影响，会有意想不到的效果。

家里来了客人，5岁的儿子在吃饭的时候和做客的小朋友抢筷子，还打了小朋友。朋友一家走了，我们该怎么教育孩子呢？

参考表述

（1）客观行为描述：吃饭的时候，你和做客的小朋友抢筷子，把他给打了。

（2）这个行为具体而真实的影响：做客的小朋友受到伤害。

（3）自己因为这个影响而产生的感受：难堪、难过。

合起来的表述：今天吃饭的时候，你和来做客的小朋友抢筷子，把他打了，这让我们感觉很难堪，并且为小朋友受到了伤害而感到难过。

点评

父母认为的原因和孩子本身的想法也可能是不同的。进行直述式表述之后，可以倾听孩子的问题，再进行后面的对话。比如：“今天吃饭的时候，你和来做客的小朋友抢筷子，把他给打了，这让我们感觉很难堪，并且为小朋友受到了伤害而感到难过。你想和妈妈就这件事情聊聊吗？”

6岁的女儿用脚蹬他人。

参考表述

（1）客观行为描述：女儿的脚蹬在小朋友的腿上。

（2）这个行为具体而真实的影响：小朋友可能感觉到不被尊重。

（3）自己因为这个影响而产生的感受：担心。

合起来的表述：你把脚蹬在小朋友身上，妈妈担心这样可能会让小朋友感觉到不被尊重。

妈妈分享

使用直述式表述之后，孩子的脚立刻就收了回来。

孩子比较少考虑他人的感受，但不代表她不愿意考虑，如果我们能够帮助她了解自己的行为的影响，她就会主动调整自己的行为。

点评

有时，父母可以在表述之前，先说出孩子的正向动机。

比如："我知道你是想用这种方式和小朋友表示亲近。但是妈妈担心这样做，会让小朋友感觉到不被尊重。"

任何一个不恰当的行为背后总有一个自认为没有错的心理动机。当父母找到这个心理动机，孩子感觉到被理解，自然就容易改变行为。

4岁的儿子把8岁的姐姐的书撕破了，两人发生了争吵。

参考表述

（1）客观行为描述：姐姐的书被弄坏了。

（2）这个行为具体而真实的影响：姐姐不能很好地继续学习。如果作业无法完成，明天老师可能会批评她，她会着急。

（3）自己因为这个影响而产生的感受：担心。

合起来的表述：姐姐的书被弄坏了，我猜你可能不是故意的，可是不论怎样，她的书被弄坏了，就不能很好地继续学习了。如果作业无法完成，明天老师可能会批评她，我很担心她会着急。那怎么办呢？

妈妈分享

以往我总是直接解决问题，直接让儿子给姐姐赔礼道歉，但是他下次还会这么做。这次使用直述式表述之后，儿子再也没有乱撕姐姐的作业本了。

这种方法可以让我不急不躁，给孩子分析他可能忽略或者没有了解到的客观事实，并且让他尝试自己来承担责任。

点评

（1）正如这位妈妈所说，协助孩子思考事实的客观过程，并不是在说他错了，而是指出他的行为可能不恰当。

（2）在表述孩子的不恰当行为之前，妈妈读出了孩子的无错动机——“我猜你可能不是故意的”，让孩子有机会被理解，并且重新选择行为方式。

（3）使用直述式表述技巧，切记不要先说出解决方法，要先看看孩子的反应，因此妈妈直述问题之后，使用了“怎么办”，看看孩子能否想出如何解决行为带来的问题。父母可能不清楚孩子用什么方式解决问题，有时他的答案会超出父母的想象。如果父母直接给出方法，既限制了孩子，又让孩子感到被动。因为每个人都想自己做决定。

同时，如果孩子情绪不好，还要先稳定情绪——在情绪不稳时商讨方法是比较困难的。

如果孩子愿意配合，并且给出了父母能接受的方法，问题就解决了。

如果孩子没有想出方法，不了解父母的具体要求，那怎么办呢？在后文的建议式表述中会有介绍。

第六节

矛盾心理的直述

当一个人的口头语言、语气和表情以及肢体语言出现矛盾和不一致的时候，我们称这样的表现为双重信息的矛盾心理。

有效沟通包括口头语言、语气和表情、肢体语言三个要素。据统计，在有效沟通过程中，口头语言对沟通效果的影响占7%，语气和表情的影响大概占35%，剩下的都来自肢体语言。

当父母皱着眉头告诉孩子“我很高兴”时，孩子往往会不知所措，因为他看到的和听到的不一致。

同样，当父母笑着对孩子说“我很生气”时，孩子也可能会忽略父母的表述，因为他看到的并非如此，这样父母表述的效果就减弱了。

双重信息的出现，往往是当事人把几种感受混在了一起，而且经常是牺牲了自己、做出了妥协，但是内心又有所不甘造成的。

习惯双重信息表达的人，往往是愿意做出牺牲的父母。不过，尽管父母做出了让步和牺牲，却总让孩子在接受这种付出和牺牲的时候感到混乱。

“好心不得好报”这句话常常挂在这类父母的嘴边。解决的方法是，父母把自己的各种想法真实表达出来，与孩子共同探讨。

周末，妈妈打算让家人和她一起打扫房间。结果孩子过来说：“妈妈，今天我和爸爸说好了去公园。”妈妈满脸不乐意，但是为了让孩子高兴，就皱着眉头、叹着气说：“去吧去吧！”

行为：孩子和爸爸想去公园。

对妈妈的双重影响和她的感受：一方面我也希望你能有机会多去玩玩、接触大自然；另一方面，我觉得咱们家也需要收拾一下了，最近家里太乱了，我一个人有些收拾不过来。

直述式表述：是哦，你们想去公园，我也希望你能有机会多去玩玩、接触大自然。但是我觉得咱们家也需要收拾一下了，因为咱家实在太乱了，我一个人有些收拾不过来，怎么办呢?

点评

发出双重信息的人的内心有着两种甚至两种以上的想法。理解孩子不等于放弃自己，找到自己真正的想法和需要，即便是矛盾的也要说出来。如果不说出真实的想法和需要，孩子就失去了为你考虑的机会，同时，你的良苦用心常常被忽略也不公平。

把问题清晰地说出来，就有机会和孩子探讨啦!

小孩经常把作业和衣服乱放，床上、桌上和沙发上到处都是。妈妈满心烦恼，边皱眉头、叹着气，边收拾着玩具，嘴里还在说：“下次你可要把你的玩具收拾好啊！”

行为：房间的地上有很多的玩具没有整理，看起来很乱。

对妈妈的双重影响和她的感受：一方面，妈妈担心你绊倒，另一方面，妈妈上班已经很累了，如果回来还要帮你整理房间，会觉得更疲惫。

直述式表述：房间的地上有很多玩具没有整理，看起来很乱。一方面，妈妈担心你绊倒，另一方面，妈妈上班已经很累了，如果回来还要辛苦整理房间，会觉得更疲惫。

点评

（1）避免说“你把房间搞得乱七八糟”，尽量让看到的东西客观呈现出来。

（2）父母需要把内心的感受完整地表达出来。“我担心你”是一个方面，心里不舒服是另一个方面。“我不舒服”和“我为了你好”是两个不同且都需要表达的内容。

尊重但不放纵，这样对大家才是公平的。

第三堂课

The Third Class

让孩子清晰地了解父母的期盼
——建议式表述

本堂课属于“父母在问题区域”

爱不是替代、
不是命令，
爱是一起成长、
彼此鼓励。

第一节

让孩子为自己的行为承担后果

用分享式表述告诉孩子，他的行为会对他造成什么样的影响。

用直述式表述告诉孩子，他的行为对父母造成了什么样的影响。

用建议式表述给孩子一个弥补过错的机会。

很多时候，父母把自己困在问题里，光顾着生气，却没有给孩子改正的机会。光说对孩子不满意的地方，却没有用实际行动解决问题。

父母可以先问问自己，对于问题所产生的影响，需要哪些方法来解决呢？然后用建议式表述技巧告诉孩子，我们需要孩子怎么做。

用“我希望”“我需要”“我的意见是”……替换以往我们常说的“你必须”“我要求”……

必要的时候，先肯定孩子的感受和动机，再用邀请的方式表达“如果……就更好了”。

3岁的孩子把牛奶弄洒了。

⏸ 不恰当表述

妈妈自己拿着拖布擦了，嘴里还在说：“你看你这个调皮鬼干的好事。”

孩子可能的反应：我又做错事了。做错了事情不要紧，反正有爸爸妈妈替我解决！

▶ 参考表述

妈妈：“牛奶洒了一地，怎么办？”

孩子：“擦！”

妈妈：“抹布在这里，如果需要妈妈帮助，告诉妈妈！”

还可以这样说：

妈妈：“牛奶洒了一地，需要赶快收拾！”

孩子：“哦，我马上就去擦！”

妈妈：“抹布在这里，如果需要妈妈帮助，告诉妈妈！”

点评

父母指责了孩子，却没有给他机会改正错误。这其实是父母不知不觉中伤害孩子自信的一个“途径”。

人做错了事情，都会在潜意识中产生内疚感，这种内疚感如果没有消除，就会留在潜意识中堆积起来，时间久了，会莫名其妙地产生一些负罪感，于是在一些事情当中不敢坚持或者强调自己的想法，生怕他人反对。

责任和权利是一体两面。不让孩子承担行为的责任，将来他就不敢真正行使自己的权利。这些都是在孩子的潜意识中运作的，因此孩子的意识家长未必能了解得到。

孩子在成长的过程中需要父母陪伴，但是陪伴不等于替代。这个过程会很漫长，却可以让孩子学习如何为自己的行为负责。这样，在潜意识中生成的内疚感就能得以化解，也减少了孩子因犯错误而降低自信的可能。

孩子弄脏了地面，如果他无法完全擦干净，还会继续给父母增添更多的麻烦，于是父母干脆代替他做。现在这点麻烦父母可以代替孩子解决，可孩子长大后会有更多的麻烦，父母还能代替孩子解决吗？所以，当孩子学着自己洗澡、扫地、洗碗、洗袜子时，父母要允许他花费比成人更多的时间，因为他需要时间学习。

第二节

让孩子了解父母的需要

别以为什么都不说，就理所当然地认为孩子能了解父母的需要。父母对孩子的批评，有时是针对他的不良行为，有时可能是因为自己感到不舒服，需要他的理解。

如果不清楚原因，沟通就会出现问题，孩子会觉得很委屈："难道妈妈不舒服，就一定是我错了吗？"

现在，我们来学习如何让孩子了解父母的需要。当孩子有机会帮助父母的时候，他们会发现孩子突然之间就长大了。因为当一个人被请求帮助的时候，他的价值感开始提升，自信心也开始增强，做事情的动力也会更足。

妈妈要孩子帮忙修电脑，孩子没理会。

⑪ 不恰当表述

妈妈："你真是个自私的人，做事只顾自己。"

孩子可能的反应：妈妈莫名其妙地中伤我。

参考表述

妈妈："当你把自己手头的事情做完了，如果可以的话，我真的很需要你帮我看看我的电脑。"

孩子可能的反应：哦，妈妈的电脑坏了，需要我帮忙修理！看起来妈妈很认同我修电脑的水平啊！（有成就感）

点评

在不恰当表述中，明明是妈妈需要孩子的帮助，却在说孩子自私、不顾他人。如果父母需要，直接告诉孩子就好了，他会很乐意帮助父母。

爸爸下班回家后很累，孩子想让爸爸帮助他拆装玩具。

不恰当表述

爸爸："哎呀，真烦！你怎么这么多事。"

孩子可能的反应：爸爸讨厌我，嫌我麻烦。

参考表述

爸爸："爸爸上了一天的班很累了，你先自己玩一会儿，我稍微休息一下再和你玩好吗？"

孩子可能的反应：爸爸说他累了，需要我的理解和配合。

点评

在不恰当表述中，明明是爸爸自己累了，却说孩子很烦。

孩子有权利玩耍，父母也有权利休息，但不能因为自己的需要而去否定孩子的需要。

曾经有一个孩子告诉我，他不喜欢爸爸，因为爸爸总“骂他”。可他爸爸看起来是一个沉默寡言的人，这让我觉得很奇怪。

进一步了解之后，孩子说出一句话：“明明是他自己累了，不想陪我玩，却说我不好，总想着玩！”这话出自一个5岁的孩子之口。其实，孩子对问题的感觉是非常直观的，而父母有时连自己当下的感觉都未必清楚。

你感到心烦的时候，问问自己，是否真的不希望孩子和自己亲近？是否每次都会有这样烦躁的感觉？也许星期六晚上，你非常愿意给孩子讲童话故事，而周一到周五的晚上，你因为工作太累，而不太愿意给孩子讲故事。

当别人做的事情让你感觉不舒服的时候，不要急着说对方错了、对方让你不舒服了，而要先去了解自己真实的状态和需要。

妈妈在忙着做饭，而孩子在旁边玩，妈妈让孩子帮着做家务。

不恰当表述

妈妈：“你就不能帮我削个土豆吗？”

孩子：“就是不能。”

孩子可能的反应：我还没有做，你就开始否认我了。

参考表述

妈妈：“儿子，紧急状况！我需要你帮忙削个土豆。”

孩子可能的反应：妈妈需要我的帮助，我是在为家贡献力量。

点评

在不恰当表述中，明明是“我需要”，却一直都在说“你就不能”。结果妈妈不但没有得到孩子的理解和帮助，反而把他推远了。

很多父母不愿接受大人需要孩子的帮助的事实，所以不能够坦然地说出“我需要”。也许父母会认为，为自己的需要做争取是一种自私的行为；或者认为，父母要给孩子树立一个坚强的榜样，父母怎么能需要孩子的帮助呢？

实际上，当父母有需要的时候，只要不是强制孩子帮忙，不要求孩子必须为父母负责，就没有侵略孩子的精神边界。每个人都有权利为自己的需要做争取，但若是争取的方法不对，或者把属于自己的责任压到了别人的身上，就容易侵犯到别人。

另外，父母还容易进入一个误区，认为一个人坚强、独立代表不需要别人的帮助。很多人会觉得这是“责任”的问题——这是我的事情，我就要独立负责。但是独立负责并不是必须由一个人去完成。独立负责，不代表拒绝帮助。你可以邀请别人一起来完成某件事，至少可以邀请他人给予适当的帮助，减少你的压力。

坚强、独立的父母也需要帮助。即便是电视剧《亮剑》里面的硬汉李云龙也经常说这样的话：“这时候我真的很需要你。”这才是一个有血有肉的人。别人会想：这么有能力的人需要我，我多么有成就感呀。父母如果把自己摆得过高，孩子就不敢来接触父母，不敢来帮助父母。

让孩子拥有成就感，他就会愿意跟你一起做事情。

学会说“我需要”而不是“我要求”“你必须”。父母说得越清楚，孩子就越能理解父母。

第三节

约束孩子的同时保留他的希望

很多时候，父母在约束孩子行为的同时，却没有及时告诉孩子为什么不让他这样做，以及他能够做什么。

美国作家欧·亨利在他的小说《最后一片叶子》里讲了一个故事：

一个生命垂危的病人从房间里看见窗外的一棵树，树叶在秋风中一片一片地掉落下来。病人望着窗外的萧萧落叶，身体状况也随之每况愈下，一天不如一天。她说：“当树叶全部掉光时，我也就要死了。”一位老画家得知后，用彩笔画了一片叶脉青翠的树叶挂在树枝上。最后的一片叶子始终没掉下来，只因为生命中的这片绿，病人竟奇迹般地活了下来。

人生不能没有希望。只有充满希望的孩子，才会找到生活中的乐趣，对未来充满信心，才可能在遇到问题时愿意付出最大的努力。

所以，约束孩子行为的同时，不要做孩子爱心和梦想的刽子手，要让孩子拥有对父母的信任和对未来的希望。

一、批评孩子行为的同时，告诉他应该怎么做

17岁的女儿很晚才回家。

⏸ 不恰当表述

妈妈：“你再这么晚回来，就再也别回来了。”

孩子可能的反应：妈妈不是真的不让我回来，只是生气了。只要让她不生气就好了。（或者：她觉得我总是让她担心，给她惹麻烦，甚至不想看到我。）

▶ 参考表述

妈妈：“当你很晚还没有回来的时候，我很担心，不知道发生了什么。下次如果你很晚才能回来，希望你打电话告诉我原因，这样我心里就有数了，好吗？”

孩子可能的反应：妈妈想知道我是否安全，我如果很晚才能回家，应该提前告诉妈妈。

点评

妈妈明明希望孩子安全回家，却要把她推出门外。用拒绝的方式来说“要”，会让问题变得更严重。有时，孩子会想：“既然我这样惹妈妈不舒服，如果我真的不回来，也许可以让我妈眼不见心不烦！”虽然孩子的逻辑有些古怪，但她可能就是这样想的。

发脾气是无法让孩子真正知道父母的感受和需要的。孩子只看到了父母在生气，没有了解父母的需要。

除了告诉孩子父母的担心，也要告诉孩子如何让父母不担心，重点要放在“如何不担心”上，让孩子不仅看到问题，还知道解决问题的方法。这样，孩子既看到了父母对其行为的担心，又看到了父母的担心背后的爱。

因此，父母在说“我不舒服”的同时，要搞清楚“我需要”什么，我需要别人怎么做。这一点很多人都不易做到。

一个人很容易知道自己不想要什么，却不容易知道自己想要什么。如果自己都不知道想要什么，让别人配合自己就更难了。所以在说担心之前，先想想这个担心是为了什么，我要的到底是什么，我要的到底是不是我现在所想的。

经常用这种谈话模式来引导孩子，孩子就会形成面对问题的习惯：产生问题的时候，不但要看到问题，更要注重解决问题。

12岁的儿子在学校打架。

老师打电话告诉我，孩子在学校和同学打架了。孩子回来后我先使用了倾听技巧，了解到是同学先把孩子的书包弄破了。

参考表述

妈妈：“书包被扯破了，你当然很生气，所以你打了他。我理解你的生气。但是打人这种方式不可取。我希望你先告诉他你有多生气，然后告诉他怎么做你会接受。”

点评

在孩子出现问题行为时，先表达出对其所处环境的了解，再引导其用恰当的方式解决问题，这样孩子会更容易接受。

妈妈检查9岁的女儿写的作文时，发现了一些不满意的地方。

⏸ 不恰当表述

妈妈：“我觉得你的作文里面有很多错别字，而且主题思想不怎么明确。”

▶ 参考表述

妈妈：“我觉得你的作文大部分都已经很好了，要是注意把字都写对，然后再找几个生动的故事来点明主题就非常完美了。”

点评

“如果……就更好了”，这样的句式可以避免孩子把注意力放在错误上。首先肯定孩子已经取得的成绩，再指出需要改进的地方，让孩子感觉到父母做分析是真正在帮助自己。

前面说过，父母要避免过多的担心。与其过多地担心，不如给孩子更多的指引。中国从来都不缺分析家和点评家，但是孩子的成长更需要引导和支持。这样的引导会让孩子感觉父母和他在共同想办法去面对和解决问题，因而更容易接受父母的建议。

二、告诉孩子什么不能做的同时，告诉他什么可以做

5岁的孩子在墙上乱写乱画。

妈妈：“你喜欢画画是好事情，只是在墙上画画，很难清洗，我觉得非常难看、不整洁。”（直述式表述）

妈妈：“我希望你可以把你的作品画在白纸上。”（建议式表述）

点评

当告诉孩子哪里没做好的时候，也要告诉他怎么做比较好。

14岁的儿子回家之后把袜子扔在地上。

（1）妈妈：“袜子放到地上，让我感觉家里比较乱。”（直述式表述）

妈妈：“如果你可以把换下来的袜子洗掉或者收起来，我会感觉好很多。”（建议式表述）

（2）妈妈：“袜子放到地上，让我感觉家里比较乱。”（直述式表述）

妈妈：“我需要你把换下来的袜子在洗之前放在这个筐子里，可以吗？”（建议式表述）

点评

有些问题孩子不在意，却让父母犯愁，需要父母主动想办法去解决。父母可以提前考虑一些供孩子选择的方法，不要被动地等待孩子来做改变。

12岁的儿子把自己看过的书放在大人的书桌上。

（1）爸爸：“你放了好几本书在我的书桌上，而我的书桌不是很大，这样让我在查找自己的资料或者书写材料时非常不方便。”（直述式表述）

爸爸：“我希望你可以在有空的时候整理一下你放在我这里

的书。”（建议式表述）

（2）爸爸：“我看到在我的书桌上长期有一些你的书在做客。可是我的书桌不是很大，这样我就不能很方便地书写或者查找资料。”（直述式表述）

爸爸：“如果那些做客的书能够按时回家就好了。”（建议式表述）

5岁的女儿要涂口红。

不恰当表述

妈妈：“不可以，小孩子不可以涂口红。”

孩子的反应：为什么你可以涂口红，就是不给我涂？对我不公平。

参考表述

妈妈：“嗯，真是个爱美的小女孩。你希望自己更漂亮，妈妈理解！只是口红里面含很多化学物质，不太适合你这个年纪的小朋友用。”

妈妈：“你现在还小，暂时不能使用，这的确是有些遗憾。”

妈妈：“等你15岁生日的时候，我一定送你一支口红，祝贺你的成长，怎么样？”

孩子（表情放松）：“好吧！”

点评

“5岁的女儿要涂口红”这个例子传递的信息：“可以涂口红，只是要长大点才可以。”

当直接告诉孩子“不可以”时，父母应该问问自己，这个“不可以”是否是自己真实的想法和需要？自己是真的想要告诉孩子不可以涂口红吗？

类似的话语模糊了孩子的很多观念，让孩子以为“想要涂口红是不对的”，甚至以为“爱美是不对的”……

父母要避免孩子产生这样的想法：“为什么我想做什么，你都不同意？好累。”“有想法再也不和你说了，我自己直接去做。”一旦孩子有了这样的想法，父母就成了孩子梦想的刽子手。

告诉孩子什么时候“不可以”时，也要告诉他们什么时候“可以”。

不要直接否定孩子的任何想法，应该说“可以理解，这是没有错的，只是要多注意……”。这样，孩子的反应就是：我做什么爸爸妈妈都可以理解和支持，并且告诉我如果想要实现梦想，还需要注意什么样的问题。这样，孩子不会过度地坚持自我，他相信父母会和他在一起，帮助他实现梦想。

在我处理的个案中，有位女士因为离异产生严重抑郁。我在为她调整的过程中发现，她30多年来没有带过项链，因为很小的时候，她妈妈不断地说：“戴项链的都是一些不务正业的女性！”导致她甚至不好意思去买漂亮的衣服装扮自己。

其实，当时她妈妈只是因为家境贫穷，不能满足孩子爱美的心性而如此搪塞孩子。可孩子却因此背负了这么多年的错误认识，甚至导致对自我性别角色的压抑。

父母肯定孩子的想法，就是肯定他向往真善美的良好愿望。要尽量尊重孩子原有的梦想。很多父母甚至无法想象，当孩子拥有梦想的时候，他会多么努力和执着，又会给父母带来多少惊喜和感动。

第四节

综合使用三种表述方式

建议式表述常常与分享式表述、直述式表述配合使用。

一、综合使用三种表述方式的步骤

将三种表述方式衔接起来，步骤如下：

（1）描述孩子的行为。

（2）说明可能发生的对孩子的影响（分享式表述）。

（3）说明对父母或者公共区域的真实影响以及父母的感受（直述式表述）。

（4）说明父母希望如何解决产生的影响（建议式表述）。

请注意：

第一，在第（2）步和第（3）步之后，不一定要直接进行第（4）步给建议，而要先看看孩子的反应。当父母说出了不同的意见，孩子表现出不安或者反驳，这时需要用合适的倾听技巧舒缓他的情绪，再来解决问题。

第二，在第（2）步或者第（3）步之后，如果孩子表现出对问题不知所措，可以直接进行第（4）步。比如：

“在我的经验中，如果不注意词汇的积累，可能会在后面的学习中造成更多的困扰。如果在学习英语的早期就开始注意这个问题，就可以为以后的学习打下一个扎实的基础。”

“天气冷，你穿得太少我会担心，如果你加件衣服我会比较放心。”

“你着急找东西我理解，如果你能注意一下和我说话的语气，我会愿意帮忙的。”

这样可以让孩子在不知道怎么办的时候，清晰地了解父母对他的期望。

第三，为了让孩子有改变行为的意愿，可能要反复穿插进行第（2）步和第（3）步，同时呈现孩子的行为对父母以及他自己的影响。

二、三种表述方式的共性和目的

这三种表述方式有一个共同的特征：去掉“你”，而改用“我”作为表述的主体。

不要轻易说“不行”“不能”“不可以”，这些话传递的信息都是“你不对”；而应该说：这样的情况我不能接受，那样的情况才是我能接受的。少说“不要”，多说“要”。

在告诉孩子什么不能做的时候，也要告诉孩子什么可以做。

在告诉孩子父母不舒服的时候，也要告诉孩子怎么可以让父母舒服。

在告诉孩子现在不可以做的时候，也要告诉孩子什么时候可以做。

告诉孩子：你的想法都是可以理解的，只是需要在合适的时间、合适的场合，采用合适的方式去实施。

所有的表述都是为了解决一个问题：调整孩子的不恰当行为，但不做孩子梦想的刽子手。

当父母使用这些表述方式后，孩子接受了父母的建议，问题自然就解决了。

如果孩子还没有决定改变行为，可能是因为孩子也有需求。我们将在后面的课堂就如何解决父母与孩子双方的矛盾作分析。

第四堂课

The Fourth Class

如何做高情商的父母

本堂课属于“父母在问题区域”

爱，
让我们在了解中去掉偏见，
在孤单中获得温暖。

第一节

情绪管理的秘诀：延迟和满足

任何一种情绪在一定范围内存在对我们都是有帮助的。

人一生中追求幸福感，都离不开“我是谁”的问题。在家庭中更是如此。只有知道自身发生了什么，才能够告诉孩子我们的需要。

父母只有清晰地了解自身发生了什么，才可能知道如何去解决自己的问题，然后明确地去指导孩子的行为。

就如同，快乐的感觉告诉我们，在这个过程中，有我们需要的东西；不快乐的感觉告诉我们，在这个过程中，有我们不想要的东西。然后，我们才有机会去了解什么是我们想要的。

情绪管理的秘诀是“延迟”和“满足”。

一、延迟

情绪本身是没有对错的，有对错的是表达情绪和处理事情的方式。

（1）情绪本身没有错，但是如果带着情绪去处理问题，就会在情绪之外产生种种焦虑和紧张，使问题变得难以解决。一个人处在焦虑和紧张的情绪中，是很难做出公正的判断和选择的。

吸血蝙蝠叮在野马脚上吸血，野马觉得不舒服，但又无法把它赶走，于是就暴跳、狂奔，结果野马被活活折磨而死。科学研究发现，吸血蝙蝠所吸的血量极少，根本不足以致野马死亡，野马的死因主要还是暴跳和狂奔。

而河蚌的做法则不一样，一粒沙子进入河蚌体内，最后却变成了珍珠。

人生不如意之事十有八九。我们何不像河蚌那样，对于不如意的事情，先接纳再转化，使之为我们所用。如果像野马那样，一不如意就暴跳如雷，最终只能让事情变得更糟。

（2）当父母带着情绪表述的时候，孩子可能会感觉不舒服或者被攻击，反而把焦点放在了自我辩解上。

另外，父母带着情绪去解读孩子的需要，很可能说出了父母的心里话，但在孩子看来，父母是在嘲讽他，这样会给双方沟通造成更大的阻碍。

妈妈指责孩子水桶没放好。

⑪ 不恰当表述

妈妈："我讨厌你把水桶放在这里，也不清洗，这么臭，难闻死了！"

孩子："没有啊，我已经洗了。"（立刻辩解）

妈妈："还说没有，这个是什么？谁放的？"

孩子："反正不是我。"（跑开了）

很多的沟通就像这样，处于情绪中的妈妈只会指责孩子，后者忙着辩解，最后不了了之。

所以，父母千万不要被情绪裹挟着去和孩子谈对错。沟通的过程中，父母经常会因为中间突发的情绪而转移了谈话的主题。

父母在任何时候都要记得谈话主题。控制好情绪，为解决问题而谈话。

参考表述

（1）妈妈：“水桶如果没有及时清洗，味道会比较难闻。”

孩子：“好的，我知道了。”

（2）妈妈：“水桶很臭需要清洗一下，可是我现在忙着做饭，怎么办呢？”

孩子：“好的，我把它拿到一边去洗一下。”

我们往往以为，一定要把情绪充分表现出来，才能够引起对方足够的重视。但事实不见得总是这样。

（1）如果时间、场合不合适，父母的情绪一定要延迟表述。

在上述事件中，如果当时还有其他人在场，比如孩子的朋友、同学或其他大人，孩子可能不愿意与父母沟通，甚至可能跟父母对立起来。

尽量避免在人前批评孩子。孩子的自尊心还比较脆弱和敏感，对于父母在人前的批评容易产生抵触，甚至下意识地自我保护，这时父母调整孩子行为的效果一定是有限的或者失效的。而且，父母也会因为孩子的反应感觉难堪，让不舒服的感觉更加强烈，使矛盾激化。

所以，尽量选择单独的时间、地点和孩子谈问题，这对父母和孩子都有好处。尊重孩子的隐私，实际上也是给父母更大的调整和适应空间。

（2）也许父母并没有搞清楚这个事情有什么影响，只是感觉到了不舒服。

父母在感觉不舒服的时候，实际上并没有清楚地了解发生的事件及其真实的影响，仅仅知道自己不舒服了。这种情况下的沟通效果是非常有限的。

这时，父母需要冷静地问问自己，刚才发生了什么让自己有这种感受，并找到产生这种感受的原因。

对于父母来说，情绪是需要表达的，但作为成年人要学会延迟满足。情绪一上来，如果不能马上解决问题，就大发脾气，这是孩子式的心理反应。孩子如果要吃糖又不能立刻吃到的话，肯定会哭鼻子。

在特别生气的时候，要尝试着停下来对自己说："我是有些生气了，但我不能随便发火。我可以用自己的方式来放松一下……"

父母和孩子对待情绪的区别就在于：成年人会延迟满足，在延迟的过程中在内心进行成熟的考虑，更好地了解事件对双方的影响。

国外一个专业的心理机构做了一个测试。

他们让一些孩子到一个房间里，房间的桌子上摆放着各种糖果。然后告诉这些孩子：如果选择在早上吃糖果的话，每次只能吃一颗；如果可以等到晚上再吃的话，就能够一次吃两颗。

当然，有的孩子等不及，在早上就吃了一颗，有的孩子则等到晚上吃了两颗。

在之后的跟踪记录中发现，那些能够等到晚上拿到两颗糖的孩子，14岁以后，在学习成绩和人际关系等方面的成就远远大于那些因等不及而在早上就吃一颗糖的孩子。

父母的成熟表现在他们具有控制情绪、延迟满足的能力。要允许愤怒情绪的产生，但不允许破坏性行为的产生，从情绪到行动要有一个停顿和选择的机制。父母先学会延迟满足，孩子才有机会学会延迟满足。

二、满足

情绪一定要表达，不能压制。延迟，不代表控制和压抑。

在喊“停”的时候，可以用一些方法来舒缓情绪。比如，改变环境法：换个环境，转移注意力，再重新考虑问题。数数法：从1数到10，再开口说话。运动法：出去运动一下，放松一下，等情绪过去了再来面对问题。还有呼吸法、冥想放松法等等。这些方法在各种减压和个人修炼的课程中经常会出现。

情绪舒缓后，需要思考事件对自己的真实影响——“我为什么会生气”。智慧最容易在平静中诞生，找到不舒服的真实原因，然后在合适的时间，就此问题不带责备地和孩子谈话，告诉他事件对父母的影响。

很多父母做到了“延迟”，却没有做到“满足”。负面情绪消失的时候就不考虑这件事情了，可是等下次遇到同样的事情，心里又很生气。“我就知道你会这样！”“我让着你，你怎么就不明白呢？”其实这是一种妥协。

妥协，有时是处理某些问题的最佳方法，但是，也可能产生更多的麻烦。一方面，因为原来的问题并未解决，由此父母可能会对孩子产生反感（父母对孩子的反感，等同于孩子对父母产生反感）；另一方面，妥协造成父母不坚持满足自己的需求，父母就会逐渐失去孩子的尊重。事实上，如果总受孩子的支配，父母也会失去对自己的尊重。

在我的一次课上，有几位同学对一位大姐说：“你的性格这么好，这么随和，还需要来上课吗？”这位大姐回答：“我感觉很不快乐！我想知道是什么原因。我这样随和，这样为别人考虑，可是我感觉丈夫、孩子都不够尊重我，我的感受经常被家人忽略。”

在课堂的练习中我发现，这位大姐是个老好人，总是不懂得表达愤怒，因此也就无法向他人展现自己的底线。

所以，不要等到问题再次发生了才去解决问题，当自己的情绪舒缓后，要主动和对方沟通。我们要为自己不舒服的感觉负责，如果自己不去争取，那么无论怎么抱怨，最后难受的总是自己。

如果父母不把自己的不适说给孩子听，那么孩子就缺少了解父母的机会。

如果父母和孩子的沟通能够更加坦诚，那么孩子也能学会了解他人的感受，这可以为孩子将来建立各种良好的人际关系打下基础。

下面来看看在实例中如何应用延迟和满足进行情绪管理。

周末，爸爸拖着疲惫的身体回到家中，他已经连续三天因加班没有回家了。回家前他和妻子商量腾出半天的时间让他休息，结果回到家，妻子要立刻回公司参加紧急会议，正准备出门，没法照看孩子；而孩子看到几天不见的爸爸，吵着要和爸爸亲近。

⑪ 不恰当表述

爸爸立即发脾气："我太累了，要休息了。你自己玩吧！"

孩子可能的反应：爸爸不喜欢我，或者，爸爸不愿意陪伴我。

点评

前面讲到，情绪的自然流露对内心是有修复作用的。如果情绪正符合当时的情况，的确可以跟着情绪走。如果情绪来得不是时候，则会带来反效果，那就是自找麻烦了。当父母觉得愤怒、灰心、疲劳、烦躁、坐立不安、沮丧的时候，不客气地把这些情绪表露出来，结果可能会让孩子不知所措，不知道父母的真实状况以及自己能为父母做些什么。

⑪ 不恰当表述

爸爸立刻陪着孩子玩，直到一小时后，爸爸想休息了，孩子还不愿意，爸爸立刻发火："你怎么回事？这么烦人！"

孩子可能的反应：爸爸不想和我玩，还说我烦人！

点评

爸爸理解了孩子的心情，作出了妥协，却隐瞒了自己的需要，没有适当说明自己的不舒服。结果，孩子并不了解爸爸的真实状况，也许正玩得高兴，不愿意爸爸离开。而这时爸爸的烦躁让孩子不知道爸爸什么时候会愿意和他一起玩，什么时候又会突然发脾气。

在这样的家庭互动关系中，孩子最容易出现焦虑，他既希望和父母在一起，又害怕毫无准备地被父母斥责。

于是，孩子在潜意识中容易时刻提防周围环境的变化，没有安全感，以致无法把注意力集中在自己的学习和生活事件上。

参考表述

爸爸："孩子，爸爸非常想陪你玩，只是现在爸爸累得实在没有劲了，我需要休息一下再陪你玩，好吗？"

孩子可能的反应：爸爸累了，需要换个时间陪我。

点评

父母在自身能力有限的情况下，可以适当采用"临时性拒绝"的方式。临时性拒绝包括三个步骤：

（1）表明态度，"我很想和你一起解决这个问题"；

（2）表明问题，"只是我现在遇到困难和问题了"；

（3）给予补偿，"等我休息一会儿，再陪你玩"。

临时性拒绝与平常拒绝的区别体现在第（1）步和第（3）

步。如果没有这两步，孩子可能会理解为“你要休息，就不想管我了”。想要孩子理解父母，父母就需要调整表述方式。

参考表述

爸爸如果还有一定的体力，可以选择用合适的方法让自己延迟满足。

爸爸：“孩子，爸爸总不在家，看到爸爸回来，好开心吧，想和爸爸多亲近。看到你这么惦记着爸爸，爸爸真高兴。”

同时告诉孩子自己的状况：“爸爸加了三天的班，非常累，很想休息一下。但是我忍不住还想和你待一会，因为我也太想你了。只是不能陪你玩太久。”然后和孩子玩一会儿再去休息。

孩子可能的反应：爸爸非常爱我，知道我想他，他这么累了，也愿意体谅我。我要珍惜爸爸的爱，更加尊敬和信赖他，同时也要理解和支持他，因为他是我爱戴的爸爸。

点评

爸爸把问题和希望同时剖析给孩子听，对自己的需求做出延迟满足，之后再休息。当孩子看到爸爸宁愿牺牲自己休息的时间来满足他，他会感受到爸爸的关爱。

同时，爸爸的牺牲并不是无限度的，而是在自我承受范围之内的。于是，之后孩子反过来配合爸爸，满足爸爸休息的需要。

通过高情商的关系管理，经由延迟、满足两步，理性处理双方的需求矛盾，从而让亲子关系更加亲密。

第二节

在情绪决堤之外看到真实的自我

延迟、满足的过程中，父母同样需要舒缓情绪。

在《戒掉爱中的伤害：只需倾听，别插手！》一书中，我介绍了情绪的分类以及各种情绪存在的价值：各种情绪在一定范围内存在，对我们都是有帮助的。

快乐是一种主动进取和共同分享的能量。

愤怒是一种保护自我尊严和界限的能量。

哀伤是一种慈悲、体恤他人、深度思考和结束的能量。

恐惧是一种保护自我生命安全的能量。

既然喜、怒、哀、惧等情绪在一定范围内对个人是有帮助的，为什么又总是有人说“情绪如洪水猛兽”？如何看待这个问题呢?

其一，跟情绪的表现方式有关。不恰当的表现方式，自然会让周围的人不认同。比如，孩子的同桌没有经过允许就把孩子的橡皮擦拿走了，孩子很愤怒，这种情绪本身没有错。然而，用什么样的方式使他发泄情绪呢？这就涉及情绪管理了。是把同桌打一顿拿回橡皮擦，还是告诉老师让老师帮助他拿回来？或是自己告诉同桌："我要收回我的橡皮擦了，你没有经过我的允许，就拿走了我的橡皮擦，让我在需要用的时候，不能及时地找到，这让我很生气。如果你下次要用，必须事先征得我的同意。"

显然，第一种呈现情绪的方式不能让人接受，后两种呈现情绪的方式则容易让人理解。

其二，跟表现的程度有关。有时情绪来得凶猛，当事人的感受非常激烈，以致不能理智地控制行为，心理学上称之为"情绪决堤"。在情绪决堤状况下的行为，往往让别人难以理解和接受。

所以，真正不能让人接受的不是情绪本身，而是情绪之后的行为。只要我们能够了解情绪决堤的真正原因，再适当地调整行为，情绪就不再是洪水猛兽，而是了解自己的钥匙。

一、情绪决堤

许多人从小被教导不要表达负面情绪：

当小女孩失去心爱的小狗而哭泣的时候，周围的人出于关爱会说："别哭了，再哭就不好看了，别人就会不喜欢你了。"

当小男孩为一次跑步比赛失败而痛哭时，周围的人出于鼓励会说："别哭了，失败有什么好哭的？男子汉大丈夫，下次再来。"

当孩子在学校被老师误解，回到家失声痛哭的时候，家人出于安慰会说："别哭了，哭也没有用，都已经发生了。"

在这些过程中，孩子们逐渐形成错觉："我哭泣是不好的”“我难过是不对的”“我不舒服是别人不接受的，会给别人带来麻烦”。

这些孩子慢慢长大后，为了博得周围人的认同和喜爱，而“喜怒不形于色”，并以为这是一种成熟的表现。

于是，他们在很多方面长期压抑自己的感受，只愿意让他人看到快乐的情绪，当其他各种非喜悦类的情绪产生时，就不想让别人看到。

这些情绪产生后没有经过疏导，便开始在内心积压；一忍再忍，直到有一天忍不了，以愤怒的形式爆发出来，即“情绪决堤”。

这时的愤怒往往是假象。心理学上有个著名的“情绪冰山原理”。水面下的“冰山”其实隐藏了很多累积的感受！

因此，当我们生气的时候，可能并不是真正的生气：害怕表现为生气，不好意思也表现为生气。这些感受累加在一起，便产生了喷涌而出的愤怒。

俗语说：“压垮骆驼的往往是最后一根稻草。”放下最后一根稻草的人总是很奇怪，这么轻的一根稻草，骆驼怎么就支持不住了呢？因为他不知道这头骆驼之前已经背负了太多的稻草了，而且没有及时地卸载。于是，在生活中经常会听到别人说：“怎么这么点小事也会让你发这么大的脾气？”

我们如果没有把愤怒下面的真实感受和需要表现出来，对方尽管出于好意对我们的行为暂时妥协，但并不是真正理解和接受了我们。如果长期使用这样的表达方式，对方会无法理解，最终不再接受我们的这种方式。

以生活中一个常见的情景为例：

“当我难过的时候，你立刻走开了，我感觉非常生气，并且不想再理你。”

“当我难过的时候，你立刻走开了，这让我感觉很孤单，并且有些挫败。我真的很需要在这个时候得到你的陪伴和理解，哪怕你一句话也不说，静静地握着我的手就好。”

品读一下这两句话，前者是冰山上的“情绪决堤”式表述，后者是冰山下真实情绪的表述，两者的效果，一看便知。

所以，我们需要找到情绪冰山之下封存的真实感受，才能让他人更加清晰地了解我们的状态和需要。

二、了解冰山下的原生情绪

情绪冰山上表露出来的愤怒，被称为派生情绪。派生情绪并不仅仅来自当下的事件，更多来自长时间大量事件的不断积累。

在派生情绪产生之前，由于具体问题（他人行为的直接结果）而产生的情绪，被称为原生情绪，它属于情绪冰山行为线下的情绪，如下图所示：

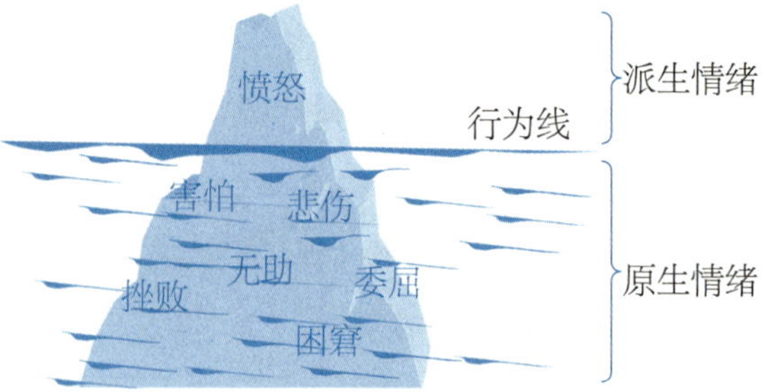

举个原生情绪的例子。一个孩子的苹果被别人抢走了，他会很愤怒地想要拿回来，如果他拿回了这个苹果，并且得到了对方的道歉，那么这种愤怒很快就消失了，他还是能和对方做好朋友。

如果当时的愤怒没有妥善处理，就会积压下来。对于大人来说，即便苹果要了回来，对方也道歉了，仍然很难把针对对方的情绪消解掉，因为大人的情绪中隐藏了太多的派生情绪，它不仅来自当下的事件，还受以往个人经历的影响。因此，派生情绪的表露，难以获得他人的理解。

派生情绪和原生情绪的区别在于：

（1）针对的对象不同。原生情绪针对事情而产生，当事情结束了，情绪就结束了；派生情绪总是针对人，当事情结束了，却还遗留着对他人的“失望”。

（2）表现的程度不同。原生情绪比较温和，易于消解，这些情绪有难过、生气、害怕、尴尬、委屈等；而类似厌烦、讨厌、恼怒、抓狂、憎恨、狂怒、无助、狂喜等情绪都属于派生情绪，这些复杂的情绪使得问题不容易被解决，而且将继续存在下去。

在日常生活中，当父母对孩子的批评过于激烈时，其中往往包含隐藏的派生情绪。

（3）表现的形式不同。原生情绪让人感觉真诚，而派生情绪容易产生抱怨和转移，让他人莫名其妙地感觉不舒服。

由派生情绪产生的派生感受，其中一种表现形式是用抱怨来回避表达需要。比如，“你总是忽略我的感受，也不在乎我在想什么！”这样的表述会让对方产生被攻击的感觉。

另一种表现形式是转移。比如，父母平常看到孩子没有按时完成作业，虽然有些不满，也不会特别在意，但是受某件事情刺激时看什么都不太顺眼，这时看到孩子没有写功课，而在那里吃零食，是否会更加烦躁呢？表面上看是因为孩子的行为让父母不舒服，实际上是因为情绪中有很多来自其他方面的转移。

又如，丈夫和妻子最近在闹矛盾。妻子偷偷给她的妈妈零花钱，却没有给公公婆婆。丈夫感觉妻子没有足够重视自己的父母。而这时，孩子和爷爷之间发生了矛盾，对着爷爷大声地喊叫，然后跑到妈妈那里大哭。丈夫对孩子非常生气，除了因为孩子对爷爷说话的方式不礼貌，更多的还是对妻子的不满意，以及担心妻子带着孩子疏远爷爷奶奶。

孩子对爷爷说话的方式不礼貌并不是一次两次的问题，如果丈夫这一次尤其生气，就是累积了很多的派生情绪在里面，这样一来，丈夫批评孩子的语气就会加重，导致孩子的反应也相应激烈。

过程中如果丈夫再说出类似“和你妈一样都不会体谅人”的话语，孩子又替母亲承接了一份情绪。

结果，孩子对爷爷说话的方式不礼貌这样一个行为问题，演变成一个非常复杂的关系问题，更加难以处理。

因此，情绪针对谁，就要针对那人去解决，一旦转移了目标，就会让事情变得让人无法接受，使问题更加难以解决。

（4）解决问题的效果不同。原生情绪容易接受调解，问题解决了，情绪就舒缓了。派生情绪常常成为不行动、不解决问题的理由，而且会在每次遇到问题之后，继续累积更多的派生情绪，慢慢地在人的性格中生成很多的“愤怒炸弹”。这些炸弹是有触发开关的，只要有人碰到，就会爆炸；即使对方是无意的，我们也同样愤怒不已，但早已不知生气的源头是什么了。

孩子有时会利用“开关原理”对待父母。他会用一些简单的方式，让父母的情绪炸弹爆炸，然后告诉父母“你真的莫名其妙”，这样他就可以达到一些目的。因此，有的父母会说：“现在的孩子太会玩心眼了！”“现在的孩子很会欺负人！”

综上所述，父母需要分清原生情绪和派生情绪，父母的表达越接近原生情绪，就越容易被孩子接受，引起共鸣，让孩子理解和接受父母的表述。

三、了解冰山下的原生情绪，引起孩子的共鸣

父母需要了解，自己的愤怒是因为孩子的某个行为产生的，还是因为其他原因转移来的。从派生情绪了解背后的原生情绪。只要父母公平地对待孩子，孩子也不会故意让父母生气，只会更加体谅父母的处境。

很多时候，派生情绪来得非常快，以致父母首先感觉到的都是派生情绪，原生情绪则容易被忽略。

所以，这需要父母在情绪产生和行为产生之间有个时间差，以便于觉察。这就是延迟满足的意义。

> 和孩子说好周末去打球，可到了打球这天，孩子又突然说，因为其他的原因，不能照计划去打球了。

点评

父母遇到这样的事情都会有些失望：“哎呀，好遗憾，不能去打球了，我有些失望。”在失望之后开始寻找办法解决问题，这是原生情绪的表现。这种表现会让孩子愿意理解父母，同时愿

意承担“失约”的责任。

有的父母会因此非常懊恼和抓狂：“你为什么总是这样！”“每次我要去干什么的时候，你总是要出状况！”这种语言模式——“总是”“从来”“每次”——都是累积下来的经验。由于以前在其他事件上的许多次失败而产生一个经验：“我总是不顺利”“我总是不成功”“我总是不能如愿”。只要有事情突然改变，超出预设的范围，就能够触碰到这个经验的“按钮”，引爆内在的“情绪炸弹”，把情绪表现出来。

将这些派生情绪归咎于孩子，并发泄到孩子身上，是不公平的；孩子也不愿意接受，甚至会远离父母。

情绪的出现，一部分是来自当下的事件，更多的部分来自以往的经验累积。

如果分清了这两部分情绪，让孩子只承担当下事件的那部分影响，事情就变得容易解决了。

当父母意识到自己的情绪非常糟糕时，可以与自我对话：

“打球没去成，我知道这是一件小事而已，可我还是感觉非常烦，也许是我想起了以往的某些不好的感觉，我需要自己待一会，了解自己发生了什么，再和孩子谈。”

还可以说：“说好了打球，又没有去成。这件事让我想起以往很多次，我和其他人约定想做什么的时候，那个人总是会临时变卦。我心里那种说话不被重视的感觉又出现了，所以，我觉得很烦。”

接着，可以分析：“这个‘烦’源于我担心孩子不够重视我。同时我知道，今天的事情并不是孩子有意临时变卦，对我说话不重视。我现在好受多了。”

等心情平静后对孩子说：

“没有去打球很遗憾，我差一点以为你是有意不想和我打球！我希望下次可以提早做好安排，避免这种情况的出现，这会让我感觉你是信守承诺的。”

假如，当时父母没有及时控制住情绪，对孩子发了脾气，那怎么办呢？可以在发完脾气之后，自省一下，事后与孩子沟通：

“今天没有打成球，我当时很生气。后来感觉到，也许我没有说清楚，我想说得更清楚点。我生气其实并不完全是因为没能去打球，而是因为以前很多次在确定好做某件事情之后，你会临时要求更改，这让我担心你不重视我说的话。”

这样一来，父母与孩子真正该谈的问题就不再是今天打球的事情，而是关于制定的计划如何按时做到的问题。当孩子听到了这样的话，就会了解父母发脾气的原因，从而做好准备来避免类似的情况再次发生。

孩子把水彩颜料弄翻了，爸爸气得大吼：“你看你搞得到处都是。”看着爸爸大发雷霆的样子，孩子吓得缩在角落里……

点评

如果爸爸此时能够察觉自己的情绪，可以延迟表达。在延迟的过程中问问自己：

“我为什么不高兴，这到底对我造成了什么样的影响？”

“我是否每一次对待这类事件都需要发这么大的脾气？”

“我是否仅仅因为孩子的行为而生气，是否还有其他要解决的问题？”

“如果还有其他原因，是什么原因？”

“这件事情对我的影响是否真有那么大？”

“我因为孩子的行为产生的原生情绪是什么？”

通过上面的自问，能够让自己看到真相。

参考表述

爸爸：“这段时间我情绪不好，因为爸爸的工作出现了一些困难，所以爸爸需要花点时间去解决。”

爸爸：“爸爸需要你的配合，如果你可以把自己照顾好的话，爸爸就可以分出很多精力来工作。”

爸爸：“如果我说话过于严厉，请你谅解，你也可以提醒我。”

爸爸：“同时，我知道你不是故意把颜料弄翻的，只是弄翻了以后，如果没有人收拾，需要爸爸再花精力去收拾，这样爸爸的时间就更紧了。”

爸爸：“现在我们来谈谈你的水彩颜料怎么管理的问题。对于这样的情况，可以怎样避免呢？”

孩子：“下次我要用颜料的时候，先把桌子清理一下，就不容易弄翻了。如果把桌子弄乱了，我自己立刻去清理。”

当父母找到派生情绪的来源，并将其和现实事件区分开来，就能更多地被理解，情绪也能得到舒缓。

第三节

高情商的情绪管理

孩子不仅会按照父母的指令去学习，还会模仿父母的情绪和行为。当父母的指令与情绪、行为相矛盾时，孩子会更在意父母情绪和行为的表现。

多数父母对于情绪的自我认知，往往是盲目的，无论是压制情绪还是大发雷霆，都跟随直觉和经验。

在生活中，你不小心丢了100元钱。只知道它好像落在某个曾经走过的地方，你会花200元的车费去把那100元钱找回来吗？

看起来没人会这样做。可是，相似的事情却在我们人生中不断发生：

对方不理解我们，就好比我们失去了100元钱。

事情发生了，不断地通过认证对错去批判对方的无理，去寻找那已经失去的100元钱，于是对方离得更远，我们的心情更糟。在此过程中我们失去了200元钱甚至更多。

如果我们接受失去100元钱，杜绝下次再发生的可能，那我们的失去就是有意义的，而未来的收获则是无限的。

学会管理情绪，学习接受已经发生的事情，分析事情发生的过程，不是为了谈论对错，而是为了在未来获得我们想要的结果。

家庭系统排列大师海宁格曾经有个形象的比喻：当我们错过了一列已经开出的火车，大部分人的内心都会随着火车狂奔，想要赶上去，却忘记了在站台上已经停靠了下一趟火车。

对于我们来说，是抓住已经产生的问题不放，还是承认已经发生的事实，然后接受过程中所有的感受，从中找到最终的需要——就如同确定是要赶上已经开出的火车，还是要到达目的地。

如果父母可以清晰地知道要做的事情，孩子在学习的过程中也会明白如何了解和配合父母。

学会情绪管理的重要方法就是延迟和满足。延迟，是为了从容和满足，二者并不对立。

如果没有延迟，当下急匆匆选择的方式可能会让问题变得严重。就好比，当一个人任由直觉和过往的经验带领自我去追赶火车，追到一半火车走远了，前后不着站，想要重新选择的话，要么回到原来的站台，要么去下一个站台，这都需要花更多的时间。

人的一生存在于一呼一吸之间。婴儿诞生的时候，必须让他哭出来，学会呼气；当一个人老去，一口气吸不上来，就离开了人世。人和外界的关系在接收和付出之间，就好比这一呼一吸。

人要学会呼气——付出，才可能走入人群，健康发展；人也要不断吸气——接受，才可能存活和成长。

那些长期压抑情感需求的人，就好比慢慢不会吸气了，心慢慢地死去了，失去了感知快乐的能力。

而那些单纯随着情绪起舞，要别人为自己的情绪负责的人，则像长不大的孩子，无法融入人群之中，即便身在闹市，依然满心的孤独，无法排遣内心的空虚。

综上所述，情绪管理的过程分为以下两点：

一是和自己在一起的时候，接纳自己产生的所有情绪，允许它自然流过，并从中了解真实的内在。

快乐和不快乐都有存在的价值：从快乐中找到自己想要的，从不快乐中看到自己不想要的，从而再找到自己想要的。“菩提烦恼本是一”就是这个含义。

二是和他人在一起的时候，调整沟通和协调的方式，做出更加成熟的行为。

人为自己的快乐和不快乐负责，因此我们需要为如何让别人理解自己负责。同时，人不是一个孤单的个体，需要在人群中得到更多的支持，因此人需要学习用恰当的方式让他人来理解和帮助自己。

05

第五堂课

The Fifth Class

兼顾孩子的感受，实现“民主共赢”

本堂课属于“父母和孩子都在问题区域”

爱不是让我们成为一体，
而是成为一个整体中相互独立的个体。

第一节

允许孩子和父母是不同的两个人

在生活中，父母总是希望孩子能够和自己齐步走，然而，这个齐步走并不容易，因为没有两个人是完全一样的。

很多父母说，现在的孩子真的没法教，不知道该怎么教才能让孩子接受。

一位妈妈，小的时候因为自己的妈妈工作繁忙，睡前几乎没有听过妈妈讲故事。她不希望自己的遗憾出现在女儿身上，于是尽心地给女儿讲故事。

有一次，妈妈给女儿讲《卖火柴的小女孩》。故事讲完了，女儿看着妈妈湿润的眼眶，惊讶地问：“妈妈，您怎么了？”

妈妈说：“难道你不觉得这个小女孩又善良又可怜吗？”

女儿撇撇嘴说：“她不可怜，她活该！她为什么非要卖火柴，而不卖打火机呢？”

相信大家听了这个故事都会哑然失笑——时代不同了。

还有的孩子听了《司马光砸缸》的故事后，第一个疑问是："什么是缸？"当搞清楚了"缸"是什么，孩子又说："游乐园多好玩呀，干吗要去那里玩，那里有什么好玩的！他一点都不聪明，不会玩！"

听到孩子的这些回应，我们除了无奈一笑，还要明白，时代在发展，我们已经不能够完全照搬以前的标准来要求孩子了。

在我家附近有一家大排档，档主是位老大姐。从一开始租用一张桌子在别人的快餐店前卖豆浆，到一年后租到一个小排档的铺位售卖早餐、消夜，两年后开始做快餐，四年后她的铺位扩大了三倍。我一直是她家的常客。老大姐只有初中文化水平，可她的努力和认真令我十分钦佩。多年以来，我一直在很多企业"内训"的课程中分享她的故事。她的经历鼓舞了很多人，包括我自己。

陈生，广东湛江人，北京大学经济学学士，清华大学高级管理人员工商管理硕士。1984年毕业后被分配到广州一个政府机关工作，三年后他毅然决定下海经商。他的第一个商业作品是"天地壹号"，第二个商业作品是"壹号土猪"，他认为卖猪肉比卖电脑、卖手机的技术含量要高得多。

如果养猪只是简单重复，那么他多年的教育也就失去了价值；如果养猪可以养出科技含量，让这个看似简单的行业有科学价值，这就是值得提倡的。

父母是否能够接受孩子选择这样的未来呢？父母是否能看到事物发展的多种可能呢？如果父母的价值观不能够跟着社会的变化而发生相应的变化，那么孩子就可能受到不良的影响和禁锢。

但如果这个时候，孩子看到了他自己的路，父母是否愿意给他机会尝试呢?

我们要注意以下几点:

（1）没有机会尝试的孩子，永远学不会负责。

（2）如果要让孩子学会尝试，并为他自己的尝试负责任，就需要给他一定的范围，在这个范围内允许他尝试。

（3）如果允许孩子尝试，父母的安全底线是什么？父母的原则是什么？允许的范围又是什么？

这里包含两个概念:

①要适当满足孩子的需要，允许他和父母是不同的两个人。

②父母要设定适当的底线，作为孩子尝试的边界。

第二节

亲子关系中的求大同、存小异

下面一起来看看民主协商矛盾问题的谈话步骤：

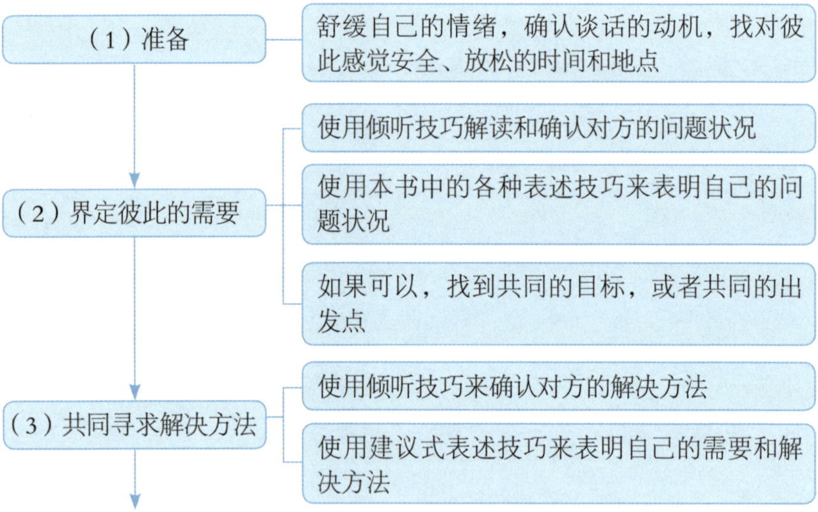

- （4）评估解决方法
  - 用倾听技巧来了解对方对各种解决方法的意见
  - 用本书中的各种表述式技巧来阐明自己的看法
- （5）选择双方都能接受的解决方法
  - 确认双方都能接受的解决方法
  - 确认这个方法的实施期限
  - 确认彼此在这个方法中各自的行为范围
- （6）采取行动
  - 所有谈到的问题都必须要付诸行动，否则谈话失效
- （7）评估结果
  - 当实施期限结束，重新评估解决方法的效果，并且给予总结

要注意：

（1）界定问题或者探讨方法时，都要先摆明孩子的观点，再提出父母的观点。因为父母比孩子更强大，先呈现孩子的问题和观点，能让孩子感受到被重视。

不论孩子提出何种观点、想法和方法，父母都应尽量避免直接否认，而应该说：“哦，原来你的问题是这样的！”“嗯，这也是一种解决方法，还有没有更多的方法？我们可以一起来探讨。”

（2）选择解决方法的时候，不要强调“那就必须按照这个方法来做”，而是说：“那我们先尝试着这样来做，如果出现问题，记得及时告诉我，我们一起解决。”

这样做有两个原因：一是孩子需要时间思考和验证他的想法；二是选择解决方法时，孩子有可能过于乐观或欠缺考虑，方法实施起来未必会顺利。

当然，有些情况必须有适当的强制性。

（3）在每一次冲突和平解决之后，进行总结，适当地庆祝，会更有利于下一次冲突的和平解决。

（4）总结时要注意，如果方法实施的过程中出现了新的问题，影响方法的顺利实施，需要在总结后重新从第一步开始，进入新一轮协商的流程。

这个方法不仅适合父母单独和孩子交流、制订共同的约定和规则，也适合家庭中多人参与，如分配周末的家务活动等。

其实，上述谈话过程和企业管理中的“头脑风暴”以及商业谈判技巧的步骤几乎相同，只是父母很少把它应用到家人和孩子身上。

事实上，许多父母经常在团队管理和营销管理中学习各种处事技巧，对家庭却缺乏必要的经营和管理，很多时候都是任由自己根据临时喜好以及对事物表象的简单判断来解决问题，导致家庭沟通难以继续。

越是亲密的关系，越需要用心经营，因为亲密的关系没有过多的防备，因此更加敏感，一旦有了矛盾，对亲密关系的影响和伤害就会更大。

所以，为了爱家人，也为了爱自己，家庭中的任何关系都需要用心经营。

我有段时间下班之后很累，回到家只想看看电视和书，可5岁的儿子总是干扰我，要么爬到我的膝盖上，要么把书丢开。

⏸ 不恰当表述

爸爸：“爸爸好累，需要休息一会儿，不要调皮了！”

头两次还有用，说了几次孩子还是继续干扰我。我终于不耐烦了，伸手打了他。自此以后，孩子哭，老婆怨，我心烦。类似的事情经常发生。

▶ 参考表述

有一天，孩子又来打扰我。

爸爸：“你很想和爸爸玩？”

儿子：“嗯！”

爸爸：“可是我们现在遇到问题了。你希望我回家陪你玩，爸爸也很愿意，但是我刚下班回来很累，想看会儿书放松一下，那我们该怎么解决这个问题才能让大家都满意呢？”

儿子：“我知道了，你和我玩！”

爸爸：“这是一个解决的方法，但是会让我不高兴！”

儿子长时间不出声。

爸爸：“我先把书看完，这样我也休息好了，可以陪你玩了，怎么样？”

儿子：“不行！你总是不回来！”

爸爸：“你觉得爸爸最近总是很忙、不在家，所以一旦在家，你就很想和爸爸待在一起是吗？”

儿子：“是的，爸爸。”

爸爸：“哦，爸爸的儿子爱爸爸，爸爸真幸福!”（抱住儿子）

儿子大笑。

爸爸："看来爸爸忽略你了，那接下来的一个月里，爸爸每个星期日花两个小时单独和你玩，玩什么由你来决定好不好？"

儿子："哈哈，太好啦！"

爸爸："但是如果有特殊情况，你可以视情况再和爸爸商量吗？"

儿子："可以。"

爸爸："那以后下班回家，我可以有一点自己的时间吗？"

儿子："可以。"

爸爸："那好，以后爸爸休息的时候，也需要你照顾一下我，不要让别人来打扰我好吗？"

儿子使劲点头。

一段时间之后，我太太告诉我，有一天儿子对她说："现在不要去吵爸爸，这是他的休息时间！"

爸爸分享

我在单位管理下属没问题，可在家里就是拿这几岁的孩子没办法。下班只要想起家里乱哄哄的，就不想回家，找各种借口晚回家。时间长了，这种有家不能回的滋味真让人纠结，不知道一天到晚忙来忙去是为了什么。

学习之后，我有心尝试一下，发现了我以往思维模式中存在的问题：

（1）当我光想着自己要休息的时候，孩子就很难满足我。当我能听听孩子的想法并且局部满足他时，他就愿意满足我。

（2）表面上看，我不回家能让那个矛盾消失，可我并没有真正轻松。其实只有面对它、解决它，矛盾才可能真正消失。这让我学会了不逃避。

点评

很多父母都有过类似的感觉，不知道该怎样跟孩子对话。尤其是对于年幼的孩子，先是爸爸们会有这种感觉，而孩子大一点的时候，妈妈们也开始有类似的感觉了。

“我在单位与同事相处，比跟孩子打交道容易多了。”经常有父母这样对我感慨。

的确，和孩子的相处过程让很多父母觉得困惑，但是我更想说，如果父母有机会通过爱孩子，不再去逃避自我的问题，敢于面对自己的需要，从而有机会真正深入地了解自己，这样的父母是幸福的。

在这个事例中可以看到：

（1）父母在与孩子相处的过程中，很容易只看到自己的问题而忽略孩子的问题。

实际上，当5岁的孩子不断爬到爸爸的腿上打扰他看书的时候，说明孩子有需求没有被满足。孩子的需求是爸爸陪他玩。

孩子有需求的时候，会有非常明显的行为：当父母跟他说话的时候，他会马上反驳，不听父母说话——因为他已经开始不舒服了。

这时，父母需要停下来，延迟满足自己的需求，去听孩子说话。当孩子的问题解决后，孩子就会更容易满足父母的需求。当然，如果父母认为自己的问题更加重要，可以选择坚持自己的想法。

案例中的爸爸以往的方式就是先解决自己的问题，但是让孩子退让一两次可以，总是让孩子退让就比较困难了。所以，这种方式用过几次之后又出现了新问题，这时父母就需要停下来看看孩子的需求了。

如果父母总是只看到自己的需求，而看不到孩子的需求，总要孩子来满足自己是很困难的事情；反过来，如果父母总是只看到孩子的需求，而看不到自己的需求，一段时间之后就会莫名地焦躁，还经常找不到原因。

所以，在亲子关系中，我们要留一只眼看自己，留一只眼看对方。

（2）共赢是局部满足。求大同、存小异并非指全部满足，还有一部分要延迟满足。要么我今天满足孩子，孩子下次满足我；要么这次孩子满足我，下次我也要主动为他考虑。

（3）在确认方案的同时，记得再次明确彼此需要做的事情。“那以后下班回家，我可以有一点自己的时间吗？”“以后爸爸休息的时候，也需要你照顾一下我，不要让别人来打扰我好吗？”这就是在确认孩子需要做的事情。

第三节

避免让彼此不同的需求直接对立

很多时候，不同的需求并不代表对立和矛盾，但是，如果父母习惯把不同的意见和想法对立起来，就会使很多问题难以解决，也让孩子总是感觉无法和父母沟通。

12岁的女儿不愿意和小区里的其他孩子一起玩。

不恰当表述

女儿：“妈妈，我想打羽毛球。”

妈妈：“妈妈这会儿正忙着，你愿不愿意和邻居轩轩一起去打球呢？”

女儿：“我不愿意，她有时喜欢耍赖，还欺负我。”

妈妈：“哦，你不愿意和你认为耍赖、欺负人的小朋友一起玩，但是妈妈觉得你如果现在不跟他们玩，将来长大了这样的人多得是，你怎么办呢？都不和他们玩吗？”

女儿：“哎呀，妈妈，讨厌！”

参考表述

女儿："妈妈，我想打球。"

妈妈："妈妈也想去陪你玩一会儿，只是我正忙着，怎么办呢？"（临时性拒绝）

女儿："嗯，我就想打会儿球！"

妈妈："你愿不愿意和其他小朋友一起去打球呢？"

女儿："我不愿意。我和他们玩得不开心！我希望家里人和我玩！"

妈妈："我明白你的意思了。妈妈有个想法，你愿不愿意听？"

女儿："什么？"

妈妈："妈妈觉得，趁着爸爸妈妈在身边的时候，你反而要抓紧时间学习和其他的小朋友相处。这样的话，如果出现了问题，可以回来和爸爸妈妈一起探讨解决，否则将来你离开爸爸妈妈却不会和其他人相处，那就更加麻烦了。你觉得呢？"

女儿："嗯，好吧！我去找轩轩打球！"

妈妈："好的，如果有什么问题及时和妈妈说，咱们一起想办法！"

女儿："好的！"

点评

（1）在不恰当表述中，典型的使用话语："哦，你不想和你认为耍赖、欺负人的小朋友一起玩。但是妈妈觉得……那怎么办呢？”

话语中的“但是”会让双方的谈话意图对立起来，孩子心里的感受：“妈妈不愿和我玩就算了，还要硬把我推给那些讨厌的人”甚至“妈妈为了她自己，不惜让我受伤”。

类似这样的表达还有“我理解你的感受，但是我觉得……”“我知道你是这样想的，但我认为……”。

使用类似下面的语言，孩子可能会更容易接受：

“我知道了，这是你的想法。同时我也有一个想法想和你分享，你愿意听听吗？”

“你的问题是……那我的问题是……怎么样让我们的问题都可以比较好地解决呢？”

尽量不要让两个人的问题对立起来，不同的想法并非就是对立和矛盾的；尽量找到共同的目标，即使没有找到，也至少不要造成彼此意见直接对立。

（2）开始这样做之前加上一句话：“那我们开始试着做吧，如果出了问题再一起商量着解决。”这句话很重要，因为结果是不能保证的。

“变”是世间永恒的真理。即便你现在说的这个问题可以解决，但是明天有可能突然发生意想不到的状况。所以，与其让孩子敷衍你，不如与孩子面对面坦诚沟通，再采取行动。

真正的民主是，即便孩子和父母的意见有所不同，也不可以说孩子错了或者说孩子愚蠢，但是父母可以向孩子表述这个问题对父母的影响。

第四节

孩子的个性成长和学校的规则

孩子的行为规范和自理能力需要培养，父母也可以用民主协商的方式来协助孩子在这方面成长。

爸爸接到老师的通知，儿子没有按照学校的规定及时理发。

⑪ 不恰当表述

爸爸：“我觉得你最好把长头发剪掉！”

儿子：“为什么？我就喜欢这个发型！”

爸爸：“学校不允许啊！再说了，我觉得这个发型看起来没有年轻人的朝气！”

儿子：“现在流行的就是这个发型，我就喜欢！”

爸爸：“你喜欢也不行，剪掉！”

儿子：“……”

我能够想象到孩子的样子，就算是理发了，也会自己在房间里待一天不和我说话。青春期的孩子脾气都很大，有时候把我气得血压都上来了。

点评

有些父母在刚开始学习本书的技巧时，觉得好像和平常的说话模式没有什么区别。如果真的用心去感受，就会发现里面大不一样。

在这段对话中，爸爸虽然也用了“我觉得”，却是直接给方法，变成伪装的民主协商，到了后来，“你喜欢也不行，剪掉！”干脆就脱去了协商的“外衣”，直接命令了。

这种命令式的表述，很容易让青春期的孩子产生抵抗情绪，让事情变得难以解决。

学习本书的技巧后，爸爸使用技巧进行谈话的过程如下，真的体会到了两人之间的转变。

参考表述

第一步，探讨对方真正的需求。

爸爸：“你觉得这个发型怎么个好法？是漂亮还是酷？”

孩子：“酷啊！这种发型会引起很多人注目的，这是最新的流行款式。”

爸爸：“哦，原来留这个发型会让人更加关注你。”

孩子：“那当然！我们学校现在留这种发型的人不多，所以更加引人注目。”

爸爸：“是这样啊！原来我儿子挺有想法、挺有眼光，也挺有个性的。”

孩子：“那当然！”

原来孩子留长发是为了引人注目，爸爸及时肯定了孩子动机中正向的一面，让孩子感到自己被理解，从而让后面的谈话更加顺利。

第二步，表述学校的规则，让孩子自己分析。

爸爸："有想法、有个性是好事。一定要保持住。只是现在有个问题，你的老师打电话来说你不能在学校里留这个发型，要理发。那怎么办呢？"（肯定孩子想法的同时，提出学校的规则）

孩子："不行，我偏要留着。"

爸爸："如果继续留着，学校会怎么处理？会不会公开批评？"

孩子："有可能。"

爸爸："那这样的话，虽然能表现出个性，但是承担的风险好像有点太大了。"

孩子："……"

爸爸："爸爸觉得你有想法、有个性、想与众不同都是好事，留这个发型是引人注目的方法之一，有没有其他的方法既能引人注目，又能不被老师批评呢？"

孩子："……"

爸爸："那什么样的人在学校容易被注意呢？"

孩子："学习好的同学，说话幽默的同学，有特长的同学。"

爸爸："哦，原来有这么多种方式能引人注目呢！那你还能用什么方式来吸引别人呢？"

孩子："我的滑板技术很好，也可以吸引人，还有我的足球技术不错啊，另外我的作文也写得不错……"

爸爸：“哦，你还有这么多种方法可以让别人注意到你。那这些方式有没有风险？学校认同吗？”

孩子：“还好，我做的这些还没有挨过批评。只要不影响上课就没有问题。”

爸爸：“哦，这些方法都不错啊。那你的头发呢？”

孩子：“唉，那我就先剪了吧，可是我想在暑假的时候留长点，应该没有人管了吧？”

爸爸：“那是你自己的事，自己来决定就好了。爸爸只是确保你不有意破坏学校规则就好。”

孩子：“知道了！”

点评

（1）不恰当表述中的谈话模式之所以失败，是因为父子二人都在忙于向对方表达自己的感受，焦点停留在要不要理发的问题上，都没有去了解对方的想法，去弄明白对方要的到底是什么。

当发现一个问题总也争论不出结果的时候，就需要停下来想想，这是不是大家真正需要的？是在探讨不同的需要，还是在探讨不同的解决方法？

争论没有结果往往是因为我们都在围绕解决方法争吵不休，而没有找到真正的需求。

在这个案例中，表面的需求是理发和不理发，看起来两个需求是完全对立的。实际上，当父亲能够停下来了解孩子的需求时，会发现孩子只是“想要得到更多的关注和认同”，而父亲的需求只是“确保你不有意破坏学校规则就好”。

可以看出，两人的深层需求并不是对立的，而且有更多的解决途径。

（2）对于青春期的孩子，顺势引导非常重要。

从内心来说，青春期的孩子渴望被更多的人认同。

当他们感觉自己的想法被人尊重和体谅的时候，就容易接受父母的引导。

生活中，很多父母总是担心，如果孩子留了长发、过于强调自我，会不会显得太轻浮。在参考表述中，爸爸先是肯定孩子的动机，顺势引导，强调了孩子想要引人注目的动机，然后陪他分析、选择更合适的方式，孩子自然就接受了。孩子的自尊和父亲的期望便能同时得到满足。

（3）爸爸第二步的谈话，用提问的方式让孩子自己找方法、做决定，对于一些个性较强、处于青春期的孩子来说，这也是个非常好的方法。

父母应该是孩子和学校、社会之间的桥梁。老师代替不了父母的角色，父母也要避免无意识要求老师做父母该做的事情。

很多父母以为：“我只要多挣钱，将我的孩子送进一所好学校，就可以了，孩子的未来就有了保障。”这种想法不可取。

一个孩子在某方面不突出，并不代表在别的方面不会有好的表现。

如果家庭和学校一样，仅仅把教育孩子的重点放在智力教育上，那么父母很可能忽视培养孩子面对人生的能力，这会让孩子在一些关键转折点上败下阵来。

老师的责任更多在于普及知识和制定共同规则，父母的重任更多在于对孩子品德、心智、自理能力等的培养。

父母只面对自己的孩子，而一位老师要面对一群孩子，不可能及时关注到每一个孩子的成长。父母教育一两个孩子，就已经有焦头烂额的感觉；对于带领一群孩子的老师来说，他们的压力和焦虑更甚于父母。

在中国，教师是五大心理高危人群之一。所以，父母也需要理解老师的处境，也许老师执行规则的方式方法未必合乎父母的心意，但更多的时候，老师的目的也是让孩子有好成绩，只是使用的方式、出发的角度和父母不同。

如果因为父母的引导让孩子和老师站在对立面，对孩子没有任何好处，一个不相信老师、不尊重老师的孩子，能够从老师和学校那里学到多少知识呢？

一个人只有对外界保持尊重和信任，才能够真正从外界获得想要的东西。

父母要是理解这一点，就能够注意平衡孩子和老师之间的关系。在平衡的过程中，也要注意方法，不能一味地要求孩子必须遵守规则，而要让孩子了解为什么要遵守规则。

我认为，告诉孩子“为什么做”，远远好过告诉孩子“如何做”。让孩子自己感受到“为什么做”，比告诉他“为什么做”更有意义。要让孩子感受到，定规则不是为了惩罚，定规则是为了让大家更好。

第五节

意见不同时注意道歉

孩子上学之后，与父母相处的时间只有周末和晚上，而且晚上的时间主要用在学习上，大部分的家庭娱乐都放在了周末。如果父母在周末加班或者出差，孩子往往会不愿意父母离开。

这时，如何处理好彼此的需求呢？

本节选取了两个关于周末生活的事例，一起来看看吧！

爸爸与10岁的女儿协商周末活动。

⑪ 不恰当表述

爸爸：“这个周末你想去哪里玩？”

孩子：“去公园！”

爸爸：“又是公园，没有意思。就是那几条船。”

孩子：“可是还有我喜欢的沙画！”

爸爸：“我很想给你换个地方。”

孩子：“那就去吃自助餐！”

爸爸：“那有什么好吃的？没有营养。还不如喝奶奶做的老火鸡汤呢！你不是也很爱喝吗？”

孩子：“我就是喜欢吃自助餐嘛！那要不去书城买动漫书？”

爸爸：“书城什么时候都能去。我想咱们做点特别的！”

孩子：“哎呀，我说什么都不行，那我不说了！”

参考表述

爸爸突然意识到，自己不小心又使用了过往的模式，于是改用技巧沟通：

第一步，用道歉和倾听解决之前沟通不愉快的问题并引导孩子继续谈话的意向。

爸爸：“哦，对不起，其实爸爸并不是想说你刚才的想法都不好，只是好不容易休息两天，想陪你做点比较特别的事情而已。没有表达清楚，让你很生气。对不起！”

孩子：“才不是呢，你只说你自己想干的事情，根本不是在征求我的意见。你骗人！”

爸爸：“哦，虽然刚才爸爸不是这个意思，但是让你有了这种感觉，真的对不起。那我们现在开始重新探讨好不好？”

孩子：“嗯。”（还有点勉强）

爸爸：“我们把刚才的想法重新梳理一遍，看看到底可以一起做些什么，好吗？”

孩子：“嗯。”

点评

父母道歉的时候容易犯的几种错误：

（1）比较爱说："你误会了，我没有那个意思！"尽管本意的确不是如此，但已经对孩子造成了影响，此时最重要的是积极道歉，反思自己让孩子产生这种看法的原因，再设法调整。

（2）还容易说："我都已经道歉了，你怎么还生气！""我知道我也有错，但是……"这并不是真正的道歉，只是堵住孩子的情绪和感受的托词。

道歉是需要勇气的，很多人都不敢真正地道歉。

行为的动机没有错，不代表行为方式也正确；有些时候，行为本身也许没有错，但也可能会使他人产生不舒服的感觉。

就像这个案例，爸爸的本意并非不尊重孩子的想法，可他表述的方式让孩子有不舒服的感觉。假如自己的行为让对方有了不舒服的感觉，无论对方是不是孩子，我们都应该道歉。

所以，爸爸回应说："虽然刚才爸爸不是这个意思，但是让你有了这种感觉，真的对不起。那我们现在开始重新探讨好不好？"孩子的情绪得到了认同。谈话可以顺利进行下去。

如果我们把问题放在谁对谁错上，很容易把谈话方向带偏。适当的道歉，可以舒缓孩子的情绪，使孩子把注意力重新放在问题上。

第二步，确定彼此的需求。

爸爸："你喜欢去公园，是因为有沙画。你很喜欢沙画。这个我写下来。”

孩子：“还有，公园很大，可以跑来跑去，很好玩。”（情绪已经开始消退了）

爸爸：“哦，除了沙画，还有很大的空间，可以随意地跑来跑去。”

孩子：“是的！”

爸爸：“好的，第二个选择是自助餐，你选择自助餐的原因是什么呢？”

孩子：“因为有很多可以挑选的食物，还有很大的地方，吃累了可以玩，玩完了可以继续吃。”

爸爸：“哦，可以自己选择食物，还可以很放松地吃和玩。”

孩子：“是啊！”

爸爸：“第三个选择是图书城。”

孩子：“有好看的动漫书，旁边还有旱冰场，可以滑旱冰。”

爸爸：“记下来了，好看的动漫书和旱冰。”

孩子：“这些我都很喜欢！”

爸爸：“你喜欢做什么，爸爸知道了，现在爸爸想在这些的基础上做点特别的，你想听听爸爸的想法吗？”

点评

一开始之所以沟通失败，是因为爸爸表面上让孩子谈想法，孩子说一个爸爸却否认一个，孩子再说爸爸再否认。最后，孩子生气了：“我说什么你都说不行，那我不说了！”于是孩子认为，

“爸爸假装民主地来了解我的想法，实际上他就是想让我听他的而已！”“如果是这样，他直接说好了，为什么还要这样！”

“协商共赢”中重要的一点是，当谈到彼此的需求和解决方案时，也许当时你觉得孩子的想法有些可笑、荒诞或者难以达成，但对于他来说，这正是他学习为自己争取权利、表达自己观点的过程。如果不允许孩子在和父母相处的过程中提不同于父母的需求，那么将来在家庭外的关系中他可能也不会提需求。

所以，无论孩子提出怎样的观点、想法和解决方法，父母都要尽量避免直接否认，而要肯定这个方法对于孩子的正面意义。

常见的不恰当表述：

“你怎么会有这样的想法呢！”

“这个想法根本不可行！”

“你这个想法太自私了！”

比较合适的表述方式：

“嗯，这的确也是一个解决问题的方法！”

“这对于你来说的确是一个方法！”

“听起来这个方法也有一定的道理！”

第三步，寻找解决方法。

孩子：“好啊！”

爸爸：“咱们全家去自助烧烤如何？”

孩子：“自助烧烤？”

爸爸：“咱们到室外的烧烤场去，自己准备好各种烧烤用品、食物、饮料，地方就像在公园一样，非常大，可以自己挑选食物，可以自己动手烧烤和制作爱吃的东西，也可以很放松地玩；另外，那个室外的烧烤场在山上，附近的路口还有租双人自行车的，我们如果吃饱了，还可以一起骑车去山上玩！”

孩子：“太好了！那比轮滑还好玩！”

爸爸：“还有呢，如果你喜欢沙画，可以在旁边的超市里买几张，拿过去画啊！”

孩子：“是啊，超市里的沙画更便宜！”

爸爸：“对啊！”

孩子：“还有，我也可以带上家里已经有的动漫书。如果你和妈妈再带张席子或者垫子，我们还能够在草地上读书呢！啊，我现在都可以想象出那种感觉，太棒了！爸爸，你这个主意太好了，就这么定了！”

爸爸：“好！如果决定去烧烤，我们现在就开始分工……”

点评

无论感觉自己的想法有多么周全，如果没有兼顾孩子的感受，那么孩子就可能排斥父母的建议。

在提建议的时候，父母需要在自己的计划中提及孩子的愿望，这样孩子就有参与的意愿。

同时，父母需要提高倾听的能力，找到孩子的需求，让孩子有被尊重的感觉，这样孩子会更愿意与父母说话、相处。

爸爸与13岁的女儿沟通如何协调周末加班与家庭生活的关系。

⏸ 不恰当表述

女儿："爸爸，你已经好几个周末不在家了！"

爸爸："哦，我好几个周末不在家，让你想爸爸了，真对不起啊！"

女儿："而且你答应了我很多的事情都没有做。答应我去博物馆也没有去！"

爸爸："爸爸都已经道歉了，你怎么还这样？"

女儿："你本来就不对，难道还不让人说？"

爸爸："工作的事情又不是爸爸说了算的！"

女儿："我讨厌爸爸，讨厌爸爸的工作！"

▶ 参考表述

第一步，用倾听和道歉舒缓孩子的情绪，了解她的需求。

女儿："爸爸，你已经好几天没在家吃饭了！"

爸爸："哦，我好几天不在家，让你想爸爸了！"

女儿："除了这个，这个学期你都没有和我一起过周末了。而且你答应了我很多的事情都没有做！"

爸爸："真的，爸爸因为周末加班耽误了这么多的事情，真的要好好道歉！"

女儿："嗯。"（觉得爸爸态度不错，表情温和了）

爸爸："嗯，你很重视爸爸，所以才把爸爸没有做到的事情记得这么清楚。谢谢宝贝女儿！不管怎样，的确是爸爸这段时间没有和你以及妈妈多多相处，这是爸爸不对！"（再次道歉）

女儿："嗯！"（已经面带微笑了）

点评

在道歉的过程中，爸爸及时肯定了孩子的爱心和愿望，这在有效沟通中是非常重要的。

第二步，确定共同目标，给出解释，引发继续谈话的动机。

爸爸：“爸爸也想和你们一起过周末啊！”（寻找共同目标）

爸爸：“只是有时也有意外情况。比如，本来说好一家人去游泳，恰巧下雨就去不了了，你说是吗？”

女儿（边思考边看着爸爸）：“是！”

爸爸：“爸爸的工作也会是这样。你看爸爸以前都是说到做到的是不是？只是有时实在是有事情才改变了计划是不是？最近加班都是临时通知的，爸爸也很被动呢！改变计划更不是我的初衷啦！也希望你可以理解爸爸！咱们是一家人，要相互支持和理解，你说呢？”

女儿：“那倒是！”

点评

这个事例中，爸爸虽然要加班，但并没有因为孩子不理解而恼怒，如果爸爸发脾气的话，孩子会觉得：在爸爸心中，他的工作比我重要！

然而爸爸说了一句“我也想和你们一起过周末”，就把看起来不同的需要转变成了一个共同的目标，后面只需要解决这个共同目标下的细节问题就行了。

第三步，主动给予补偿。

爸爸："那你理解了爸爸，爸爸也要理解你和妈妈。爸爸这段时间比较忙，等忙过这两周，爸爸希望能够好好和你跟妈妈一起玩，好不好？"

女儿："好！那到时候做什么呢？"

爸爸："你想要做什么呢？"

女儿："陪我和妈妈看电影！"

爸爸："好！不光陪你和妈妈看电影，爸爸还要抽时间陪你和妈妈办个聚会，让你的朋友和妈妈、爸爸的朋友一起来参加家庭聚会，热闹一下，怎么样？"

女儿："太好了！同意！"

点评

在这个部分有两点启示：

（1）在父母的需要获得满足、孩子的需要暂时受损时，父母可以主动提出后期补偿，从而安抚孩子的情绪。

（2）给予补偿的时候，要让孩子给出意见和方法，这样可以了解孩子的底线在哪里。如果孩子提出的补偿内容在父母的接受范围内，父母可以主动地、适当地增加一些补偿。

事例中，爸爸首先询问女儿想做什么，女儿说要看电影，爸爸再提出家庭聚会，女儿就得到了意外的惊喜。如果爸爸直接说出自己的想法，女儿的惊喜可能就没有了，甚至可能提出更多的要求。

第四步，确认计划时间和具体的行为内容。

爸爸：“好，那你先设想一下，作为小主人，我们在哪个地方举办活动，要邀请哪些人，需要办些什么活动，怎么样？”

女儿：“好！我来负责这些。那爸爸要安排好你的时间。”

爸爸：“好！我负责时间，你负责内容，妈妈负责费用，怎么样？”

女儿：“太好了！”

爸爸：“那我们就先这样分工，如果在进行的过程中有什么问题，我们再商量，好吗？”

女儿：“好！”

爸爸：“那就你负责的内容方面，需不需要找个时间一起探讨呢？”

女儿：“我想自己想一想，然后来找你们再帮我参谋一下，好吗？”

爸爸：“好啊，我的想法是最迟聚会的前一周要把计划定下来！”

女儿：“我现在就去想想办法，下周哪一天你有空时，我再和你商量！”

爸爸：“好，那我们就到时再继续谈。”

点评

谈话是否有效，关键在于计划能否落实到细节，包括实施时间、参与者各自负责的内容等。让每个人都清楚地知道自己要做什么，这样的计划才会让人感到真诚。同时，即便是放手让孩子做事情，也要让他知道父母愿意和他一起面对。这样，孩子在对父母产生更多信任的同时，也能拥有更多的自信去努力达成自己的愿望。

周末生活的关键是，孩子是否能够过得快乐，学习是否能够继续，亲子交流是否足够，孩子自理能力的培养能否兼顾，是否有适当的体育锻炼，等等。

不同年龄段的孩子，周末生活的侧重点也有所不同，对于年幼一些的孩子，重点在增进亲子关系，增加快乐的感觉，加强自理能力和身体锻炼；对于年长一些的孩子，学习可以作为一个增加的项目，同时，随着年龄的增长，自理能力更需要加强，但同样要兼顾孩子需要快乐的感觉、亲子交流和互动，身体锻炼也不可以忽视。

另外，和孩子在一起要尽量恪守信用；如果长期、经常性地改变计划，仅仅靠沟通、补偿是不可能解决问题的。所以，父母在做决定的时候，尽量考虑周全，只承诺自己力所能及的事情，否则不管父母的愿望有多么美好，做不到反而让孩子觉得父母失信。如果父母总是被意外状况破坏计划，也需要加强自己的时间管理能力了。

当然，父母也需要有适当的休息时间，所以，用协商的方式让孩子兼顾父母的需要，也是非常重要的。

第六节

重建我们的家

一些父母在刚开始使用技巧和孩子沟通的时候，总是会遇到孩子拒绝谈话的情形。

如果发现孩子根本不想听父母说话或者发表意见，很可能是彼此之间的信任基础不够，孩子没有足够的安全感，自然就会对不同的意见产生抵触和防备。这时，需要先用民主协商的方式改善亲子间的关系，再去调整孩子的行为。

在这里，父母要做好心理准备：

当你在学习技巧后与孩子沟通时，尽管你的语言中没有指责、攻击孩子的意图，但孩子还是有可能感到不舒服。这是由以往的经验造成的：当有不同意见出现的时候，就会感觉不舒服。对于还没有长大、自我认同度低、在亲子关系中受过伤害的孩子，这种感觉更加明显。

所以，父母在处理这类问题的时候，不能因孩子当下的行为不符合预期，就给他贴上“坏孩子”的标签。

好孩子也可能做坏事，“坏孩子”也会有好的一面。《戒掉爱中的伤害：只需倾听，别插手！》一书探讨孩子行为的来源时，详细地说明了：没有“问题孩子”，只有孩子的“问题行为”。而孩子所有的“问题行为”，几乎都对应着父母不恰当的引导模式。

每一次强烈拒绝和愤怒的背后，都藏着伤痕累累的过往。

父母需要做好准备，解决孩子问题的同时必须承担以往不恰当的引导造成的后果。孩子做出这种行为也有父母自身的原因。所以，在孩子反抗的时候，父母需要客观地控制自己，同时不失原则地引导孩子。

如果父母用这样的方式无条件地接纳孩子、有条件地规范孩子的行为，孩子就能得到安全感，更愿意调整自己的行为。否则，协商就成为同以往一样的自说自话，孩子也不会有回应了。

当孩子出现比较明显的防卫或者攻击性情绪的时候，最好的应对方式是转入陪伴式倾听，并适当地道歉。

有些青春期的孩子，由于长期与父母缺乏沟通，可能会拒绝与父母交谈，这时，父母在理解孩子感受的同时，也需要表明自己的好意。

表明好意和为自己辩解的区别在于，后者意思是说：你看我是这样的，没有恶意，所以你就不应该再难过了。而前者则在表明好意的同时，接受对方难过的感受，并再次给予理解和道歉。

13岁的女儿在期末考试前夕，突然不想上学，休学在家。

妈妈在学习亲子沟通之后，回到家，表明想和孩子交谈一下。孩子一开始表示不想谈，然后又说想让妈妈陪着看完演唱会的视频再谈。妈妈照做了。看完视频后，妈妈与女儿开始了对话。

妈妈：“现在可以开始谈话了吗？”

女儿：“可是我还是不愿意跟你谈，真的真的不愿意跟你谈。”

妈妈：“这正说明我们交流有问题，需要改善。通过这些天的学习，妈妈意识到以前总把你当孩子，物质上无微不至地关心你，却忽略了对你心灵的关注，以致你遇到困难不想上学，都不愿跟妈妈说。妈妈要跟你道歉。妈妈很难过。

妈妈：“你知道其他很多家长遇到不想上学的孩子，是通过打骂把孩子逼回学校。这种方法能让你回学校，但伤害也很大，所以妈妈决定不这样做，希望能找到更好的方法，帮你解决问题。希望你也能理解和配合。”

妈妈：“而且，妈妈见的心理医生说让我们多交流。我也不希望再像以前一样因为不理解你就处处管着你。”

女儿：“我还是不想谈。”

妈妈：“嗯，我们以前的交流方式让你感觉不舒服。所以妈妈如今在重新学习呀！妈妈不想再像我妈妈那样忽视孩子的感受，妈妈当年还有兄弟姐妹可以相伴，而你身边只有妈妈。”

女儿（开始哭泣）：“……”

妈妈：“我知道你也很孤单，妈妈一直都想和你一起面对你的问题，只是有时用的方式不对，让你在不知道怎么办的时候，也不愿意和妈妈交谈。从现在开始，妈妈学着用合适的方法和你一起面对！”

女儿（哭泣）：“……”

妈妈："想哭就哭吧，哭出来会好些。"

女儿（哭了一会）："其实我压力好大……"

谈话继续。

点评

在孩子难过的时候，不要因为自己已经道歉了，就要求孩子必须终止难过的感受，而是要继续真诚地陪伴孩子。

妈妈的道歉和好意，让孩子愿意尝试着改变对妈妈和周边环境的看法。

两天后，孩子表示愿意接受假期补课，同时开始接受个案辅助。

当然，当孩子内在的想法被长久地忽略时，父母除了要清晰表述自己的意愿，还要倾听孩子的各种想法。

父亲碰到9岁的女儿放学的时候和同学一起买零食吃，还发现女儿偷拿了家里的钱。

⑪ 不恰当表述

爸爸："谁给你的钱？"

女儿（尴尬地看着同学，不出声）："……"

爸爸："说，哪里来的钱？"

女儿（低着头，不出声）："……"

爸爸："哦，我就说我放在桌子上的钱怎么没有了，是不是你偷拿了？"

女儿（头低得更厉害了）："……"

爸爸：“你现在厉害了啊，学会偷钱了！你看我回去怎么收拾你！”

孩子（哭）：“我不敢了……”

事情真的会结束吗？孩子不会再偷钱了吗？

事件进行中：孩子再次偷钱被妈妈发现……

参考表述

第一步，道歉，用直述式表述说明本意，邀请孩子商谈，建立对话意愿。

爸爸：“轩轩，上次因为你没有经过允许拿爸爸的钱买零食的事情，爸爸当着同学的面吼了你，你一定觉得很没有面子吧！在这件事情上，爸爸的处理方式欠妥当，向你道歉！”

孩子（低头不说话）：“……”

爸爸：“爸爸吼了你，自己也很心疼，我不想我们这样继续下去。爸爸希望你如果有什么需要，可以告诉爸爸，爸爸可以和你探讨，一起想办法。”

孩子（低头不说话）：“……”

爸爸：“爸爸在心里是非常疼爱你的，希望你可以快快乐乐。既然你背着爸爸做一些事情，那你心里一定有不痛快，又不敢和爸爸说，这让爸爸感觉到很失败，又不知道能为你做点什么，所以很着急。不管怎样，爸爸的处理方式不对，没有尊重你，爸爸向你道歉！你如果不说话，我不知道能够做点什么，很可能下次一急又做出同样的事情来。爸爸不想这样了，对你对我都不好，我们一起谈谈好吗？”

孩子（低头不说话）："……"

爸爸："爸爸现在学习如何让我们之间更亲密，如何更好地了解你，而不是只关心你的考试成绩和生活，爸爸想和你更知心，成为你的好朋友，如果爸爸知道你需要什么，爸爸就能更好地帮助你，你愿意爸爸这样做吗？"

孩子（抬头看爸爸）："嗯。"

爸爸："但是爸爸刚开始学习，可能做得还不太好，但你要相信爸爸会努力的！你愿意和爸爸一起努力吗？"

孩子："愿意。"

爸爸："那你也尝试着把你的一些真心话告诉爸爸可以吗？"

孩子："好！"

点评

有些父母在和青春期的孩子进行沟通时，往往会遇到孩子不愿意开口的情况。这表明，孩子由于以往的经验已经不信任父母了。

所以，父母需要给孩子多一些时间来了解父母的初衷。有诚意的道歉加上适当的表达，可以慢慢拉近父母和孩子的距离。

刚开始学习如何与孩子沟通的父母，可以借鉴这些表述意愿的话语，来邀请孩子配合沟通。

第二步，使用倾听技巧进入孩子的问题需求探讨阶段。

孩子："我的同学都有零花钱，可是我还没有！"

爸爸："哦，你也想和同学一样有零花钱。"

孩子：“是啊，有的同学还存了压岁钱买手机，不但可以听音乐，还可以学英语，很方便！还有，有两次我和同学一起去书店，看到了几本喜欢的书，别人都可以买，只有我没有钱。”（低头）

爸爸：“原来你是这样想的。”

孩子：“不光这样！看到别的同学都可以为自己做主，可我却没有办法这样做，让我感觉自己像个长不大的孩子，做什么都要向你们伸手、向你们要，这让我很讨厌自己！”（开始哭泣）

点评

往往一个孩子不恰当行为的背后都有一个可以理解的动机，因此想要调整孩子的行为，很重要的一点是要了解孩子为什么这么做，并且给予孩子恰当的体谅和满足。

第三步，进一步道歉，让孩子的情绪得到舒缓。然后进入爸爸的问题的呈现阶段和解决阶段。

爸爸：“孩子，爸爸不知道无意中给你造成了这种难过的感觉，真的对不起。”（拥抱哭泣的孩子）

孩子（过了一阵子）：“爸爸，如果我们每一次的谈话都是这样该多好！以前我说话你从来也不听！”

爸爸：“我会努力改变的，希望我们一起努力好吗？”

孩子：“嗯！”（开始平静）

爸爸：“我觉得你说要零花钱也没什么错，你已经长大了，而爸爸忽略了这一点。但是我有两个担心：第一，我怕你买了太多零食会不好好吃饭；第二，我怕你会乱花钱买一些不必要的东西，当钱不够后会继续向我要，那花起钱来没完没了可就不好啦，爸爸妈妈的钱是辛辛苦苦挣来的，也是有限的。"

第四步，进入解决矛盾问题阶段。

孩子："其实你可以给我固定的零花钱，如果我这次提前花完了，下次就会注意啦！另外，我保证不让零食占肚子，该吃的饭我照旧吃！"

爸爸："听起来好像不错，我愿意尝试着这样做。如果中间有什么不同的想法，再及时提出来商量。我还有一个想法，那就是不管你怎么想的、你需要什么，不管发生了什么样的事情，你都要和我明确提出来，大家好商量。如果再背着爸爸做事，那可就不光明磊落了。同时，那也说明你不是真的支持爸爸的努力。所以，不管有什么困难，你一定要相信爸爸愿意和你一起解决，一定要和爸爸当面商量，不能我行我素，可以吗？"

孩子："好！但是爸爸要说话算话！"

爸爸："好，成交！"

点评

孩子的问题可能并不只是表面的问题。而且，也并不见得协商一次就可以解决一个问题，可能需要不断沟通和调整，才能最终解决问题。

当孩子看到父母即便不认同自己的观点，仍然会尊重自己，愿意做出相应配合和让步时，他们会感受到自己在父母心目中是珍贵的，也容易配合父母的要求去调整自己。

另外，如果孩子可以随意地拿到钱，父母是不是也要问问自己，自己物品的管理是否恰当？在父母希望别人（包括孩子和他人）避免侵犯自己利益的同时，也要问问自己有没有划分好自己的界限？没有界限的人，到处都是界限。家是一个共同生活的地方，父母没有界限，孩子就没有属于自己的自由。过度的信任是一种放纵，更是一种忽略。父母也需要学习不给自己和他人犯错误的机会。

如同本节前面所谈，在父母和孩子发生对抗时，父母不仅要学习如何表达自己的善意，还要学习能够舒缓孩子情绪和让孩子感到被理解的方法，这样父母才能够在兼顾孩子感受的同时帮助孩子调整行为。

在运用谈话的技巧时，要注意以下几点：

1. 界定问题的时候

（1）无论孩子将问题说得多么夸张，不要直接否认他，同时把自己的需求清晰地说出来：“你的问题也许很多，但我也有自己关心的问题要解决。”

（2）表达自己想法的时候一定要简短、清晰，不要没完没了地说，因为孩子听多了可能就不想听了。

（3）如果孩子在表述问题的时候，表现出对父母某些行为的不满，父母需要及时道歉。即便父母不是有意让孩子难过，也要为引起了孩子这种感受而道歉。这样，孩子的情绪得以舒缓，谈话就可以顺利进行。

（4）在不同的表象需求下找到共同的深层需求，树立共同的目标，最起码不让各自的需求变得直接对立。

2. 寻找解决方法的时候

先让孩子提出解决方法。

3. 评估解决方法的时候

（1）不管孩子提出的方法有多么的荒诞、可笑、不公平，父母都要避免说“你胡说八道”，而是说：“嗯，这也是一个方法，还有其他的方法吗？我们来多找几个方法共同探讨。”

（2）避免说“不行”，而要说：这个方法你觉得是这样，同时我觉得是那样。你哪一部分能够接受，我哪一部分不能接受。

（3）如果协商的过程中孩子又有情绪了，同时带出了其他的问题，需要从这里再回到第一步，倾听孩子的情绪并确认他的新问题，再表述父母的需求和看法，然后继续交谈。

4. 问题暂时无法解决时

尝试使用“延缓性拒绝”。不是每一次协商都能得到一个确切的答案，万一谈不明白，可以先不做决定判断“行”或者“不行”，学会给自己台阶下：“这一次我好像没想明白，要不要先放一放，我们两个都想一想，再找个时间谈”。

在生活中我们常常一谈就要见分晓，但是彼此或者其中一方情绪比较激动的时候，需要先冷静一下，等情绪过去了以后，再找合适的时间重新探讨。

5. 孩子在做出妥协和让步时

在协商过程中，如果孩子做出了妥协和让步，父母要记得说“谢谢”。

6. 确定最后的解决方法时

确定最后的解决方法时，一定要定一个期限，确定彼此需要做的内容。在落实过程中如果遇到问题要及时沟通。

7. 按照原则行动时

父母在选择最后的解决方案时，如何进行选择？是引导孩子深入他的问题，还是改变孩子的问题；是允许孩子和父母不一样，还是强制让孩子贯彻执行父母的原则呢？

当父母与孩子的价值观发生冲突的时候，父母在作决定前应先分三步考虑：

第一步，问问自己，自己的价值观和想法是不是一定不能更改。

第二步，问自己当下“关系和问题哪个更重要”。如果与孩子的关系有破损，必须首先修补关系，再做引导。因为良好的关系、必要的信任才可以让孩子更愿意向父母敞开心扉，接受父母的建议。

第三步，如果允许孩子和父母有不同的需求，父母要清楚自己有没有不舒服的感觉，假如会有不舒服的感觉，父母能为自己做点什么。如果决定了要坚持自己的想法，一定要考虑孩子的承受力。

第六堂课
The Sixth Class

民主家庭也需要权威

本堂课属于“父母和孩子都在问题区域”

爱不是指责，
不是放纵，
爱是陪伴中的指引。

第一节

什么时候父母需要适当使用权威

前面说过，在家庭关系中不能完全使用“我赢你输”的模式。但在下面的这些情况下，可以适当使用权威。

（1）当认为解决问题比维护关系更加重要时，有时为了避免孩子制造更严重的后果，需要适当使用权威。

（2）当要解决问题时，孩子没有给出父母接受的方法，暂时又找不到比父母的方法更好的方法，这时需要使用权威。

（3）孩子无法理解也无法参与的事情，有时候必须由父母做决定。

这三种情况可能需要强迫孩子执行父母的想法。下面我们就这三种情况分别进行具体探讨。

一、当认为解决问题比维护关系更加重要时

一些孩子自我伤害或相互伤害的事件，必须立刻制止。比如孩子吸毒、自残、自杀等，必须要立即制止。

在一些重大问题上，为了避免孩子制造更大的问题或者严重

的后果，也需要适当使用权威。比如，孩子到了一定的年龄，父母需要坚持和孩子分床睡。

一位妈妈来做咨询，讲述孩子似乎有恋母情结的倾向。

在咨询的过程中得知，孩子已经12岁了，但是每次从学校回家过周末，都和妈妈睡一个被窝，有时还会动手摸妈妈的乳房。

妈妈只是说“这样不可以”，孩子继续动手，妈妈继续表达，孩子的行为却没有停止。

点评

即便是父母疼爱孩子，也要注意和孩子相处的方式。 孩子在10岁以后，要多和与自己同性别的父亲或母亲相处，由于每个孩子天然地依恋母亲，所以尤其需要多加注意母子关系。在乱伦的案例中，母子关系是比较多见的，刚开始都是由于青春期的男孩对女性好奇，又和母亲的关系过于亲密从而对母亲的身体产生依恋。由于孩子的自控力还比较差，没有完全成熟，如果没有使用权威拒绝不恰当的行为，就可能慢慢演变成家庭悲剧。

如果父母担心孩子难受，不使用权威拒绝，结果会让父母付出更大的代价。与其到那时再来痛骂孩子，不如现在使用权威，短痛胜过长痛。

母亲必须直接向孩子表示“我理解你想和妈妈在一起，但是这个行为我不接受，请换别的方式和妈妈表达你的亲近”。如果语言的制止没有明显效果，直接用转身离去的行动表示会更加合适。

父母在心理上要无条件接纳孩子，在行为上则要允许孩子和父母有所分离。行为的分离是孩子成长过程中必然会有的经历，只有这样他才会真正认识自己。

二、当要解决问题时，孩子没有给出父母接受的方法，暂时又找不到比父母的方法更好的方法

尽管亲密的家庭关系对于父母来说非常重要，但是不可能总有让所有人都满意的解决方法。

10岁的孩子使用剪刀之后，没有立刻放回原处。

参考表述

妈妈：“今天本来要抽空修改一下你裙子的下摆，因为你上次用过的剪刀没有放回原处，结果我找不到剪刀只好暂时作罢，这让我很生气。”

如果孩子连续几次还是这样，父母就需要在行动上使用权威，直接把剪刀收起来。孩子想再用却找不到的时候，妈妈可以回应：

“因为你对我的问题没有采取什么举动，所以只好用我的方法解决问题了。直到你有新的、我能够接受的方法，我们再来讨论。”

点评

（1）由于孩子的自我控制能力和延迟满足的能力比较弱，所以他们在努力的同时，也需要父母恰当地强制性引导，让孩子更清晰地看到自己行为的影响。

（2）在引导过程中要传递一个信息：不是不让你这样做，你

有你的需求，但是我也需要你考虑我的状况。

这样，父母才能让孩子学会了解他人和自己的不同，学会理解并尊重他人的感受。

（3）这样的表述告诉孩子，父母不是一定要代替他做选择，他完全可以自己做选择，不过方法要合适。

如果孩子不满意父母使用权威的方式，父母可以让孩子自己想出更适合的办法，从而加强孩子自我行为管理的主动性。

三、孩子无法理解也无法参与的事情，有时必须由父母做决定

比如，父母要上班、加班，这是属于成年人的事情。对于成年人的事情，孩子可能无法理解，那么需要父母先做决定，然后再找时间慢慢地和孩子沟通。

具体行动分为两部分：允许父母不同于孩子，所以父母先做；允许孩子不同于父母，所以给双方时间，慢慢示范、沟通、倾听。

豆豆不愿让妈妈上班，每次都说："让爸爸去挣钱，妈妈陪我。"

于是妈妈就决定放弃自己的工作，做全职妈妈，精心养护孩子。

点评

在上面的例子中，我们能够看到母亲对孩子的爱以及母亲渴望被需要的感觉；同时能看到母亲过多地把关注放在孩子的身

上，忽略了自身的成长对孩子的示范作用。

好的父母，不仅要给孩子示范如何成为一个幸福的自然人，还要给孩子示范如何成为一个优秀的社会人，否则幸福就不是真正的幸福。每个人都兼具自然人和社会人两个角色，两个角色缺一不可。孩子是这样，父母也一样。

记住，父母不是做任何事情都必须经过孩子的同意，如果是这样，整个家庭关系就颠倒了，变成了孩子引导父母。一旦孩子变成了父母的引导者，随着孩子年龄增长，当失去了对父母的信赖感时，他的行为就会受到影响。他一方面表现得很自大，另一方面表现得不尊重父母和他人，或者表现得非常脆弱和敏感，对周围的人或事没有信任感。

所以，父母需要兼顾自己的成长、家庭以及事业，尽管这会对家庭亲密关系造成影响，但可以用合适的方法尽量将这种影响减至最小。

仔仔的父母离异，父母双方让孩子来选择跟谁生活。

点评

婚姻的问题是父母自身的问题。离婚意味着父母的关系发生了质的变化，也会对孩子造成影响。但是从父母与孩子关系的角度来说，这种影响是间接的，因为父母的离异通常不会导致孩子和父母的关系发生实质变化，除非父母双方或者其中一方要求孩子不认对方。

离婚属于父母的问题，最好由父母自己来决定，最后告诉孩子结果就好。否则，无论孩子选择了哪一方，在意识或者潜意识当中都会出现内疚或者自我否认，他会认为是自己伤害了父亲或母亲；同时，由于孩子来自父母双方，如果他否认其中的任何一方，就等于否定了自己的一部分。

所以，如果父母之间出现冲突，要对孩子说："这是爸爸妈妈自己的事情，我们之间关系的变化，不会影响到我们个人和你的关系，无论我们之间发生了什么，都永远是你的爸爸和妈妈；我们会商量好怎样安排你的生活，无论谁拥有抚养权，我们都永远是你的爸爸妈妈，只要你需要，任何时候都可以从我们这里获得帮助！"

这样，孩子就能在父母离异中得到相对的放松。因为无论和谁在一起，都不代表自己放弃了另外一方。

有的父母看到这里，还会产生一个疑问——要不要成为孩子平等的朋友？实际上，父母和孩子在人格上是平等的，但在责任和义务上是绝对不平等的。一个孩子在身体、思想等方面是无法独立生存和生活的，从这一点来说，父母和孩子无法平等。

很多父母混淆了一个概念——用孩子的眼光看世界、了解他们，并不等于父母要和孩子做一样的事情，或者孩子要和父母做一样的事情。

爱，不仅允许孩子和父母不同，允许孩子在成长过程中选择和父母不同的方式成长，也要允许父母和孩子不同，父母可以采用和孩子不同的方式来解决自己的问题。

孩子在成长的过程中，必须经历关系分离的过程，才能从父母那里脱离出来，成为独立的自我。

第二节

坚持原则和底线

父母坚持原则和底线是减少使用权威的风险的第一种措施。

5岁的女儿在大街上看中了一个100多元的溜溜球，吵着要买。

⑪ 不恰当表述

妈妈："这个溜溜球比较贵，咱们说好了每个周末只能有一笔较大的支出。妈妈了解你很喜欢溜溜球，只是你昨天才告诉妈妈你要去书城买动画书，如果选择了溜溜球，就不能买书了！"

孩子："不行！我就要买！为什么我想要什么都不给我？"（放声大哭）

点评

有时，不管父母技巧运用得有多好，孩子都会有受挫的感觉，毕竟父母的观点与孩子不同。如果孩子以往有多次不被允许满足愿望的经历，他就会直觉性地以为父母和他是对立的。

参考表述

妈妈："哦，你觉得有很多次，你想要某个东西父母没有满足你的愿望，以为得不到自己心爱的东西了，那种感觉的确很难过。"

孩子（放声哭闹）："我就是想要这个溜溜球。你必须给我买！"

妈妈："妈妈理解你的感受，只是你的这种表达方式妈妈不接受，而且让我更加担心你太冲动！"

孩子（哭闹）："就不，就要！"

点评

当孩子出现不理解父母的情况，父母在使用技巧的时候，要表现出对孩子感受的理解，同时表现出对孩子行为的质疑。

在这个例子中，母亲理解了孩子的情绪，允许她表达，同时也坚持了自己的原则——"我理解你的情绪，但是这种哭闹的方式让我担心"，这是非常典型的"民主协商"。在处理这类问题时，有时父母为了坚持自己的意见或顾及自己的颜面，不许孩子哭或者直接告诉孩子哭是不对的。这样不利于孩子情绪的舒缓。不管出于什么原因，孩子暂时没有得到心爱的东西，难过是正常的。

妈妈（平静地）："孩子，你听着，妈妈只是想让你把这件事情想清楚，并没有说一定不能买！妈妈愿意和你一起努力实现你所有的愿望；但妈妈希望你搞清楚你的愿望到底是什么，妈妈不希望你将来有遗憾。你用这种哭闹的方式，反而让妈妈担心你没有想好，只是一时冲动就做了决定。妈妈陪着你，等明天这个时候，如果你还能够心平气和地告诉妈妈你想要这个溜溜球，而不是去书城买动画书，妈妈就陪你来买。”

孩子（哭闹）：“不行，就要现在！”

妈妈：“我的话已经说完了，你现在难受，妈妈就陪着你，但是妈妈已经决定了，妈妈不会替你决定买或者不买，妈妈只是帮助你考虑清楚再做事情，不希望你将来有遗憾。你考虑一下吧。”

点评

这个家庭之前协商了一个原则，就是每个周末只可以有一笔较大的支出。所以，在买昂贵的溜溜球和买动画书之间，孩子需要学习三思而后行。

很多父母在孩子哭闹的时候，要么扔下孩子不管自己走了，要么妥协，孩子要什么就买什么，这两种做法都不利于孩子思考自己的行为和负责地做决定。

在这里妈妈使用了一个方法：让孩子学习“延迟满足”。

在孩子情绪非常强烈的时候，把事情先放一放也是个很好的方式，一来避免孩子在情绪激烈的时候做出错误选择而将来后悔，二来让孩子学会自我控制和延迟满足。

一定要向孩子表述清楚，父母这样做只是希望他能够认真考虑，而不是要制止他这样做。

在孩子自主决定之前，要让他学会接受周边人的关心和体谅。

孩子（哭了一阵，哭声缓和）：“妈妈，你说话算不算数？”

妈妈：“妈妈对你说的话都是尽量算数的！你觉得呢？”

孩子（哭声渐渐变小了）：“那如果明天我决定来买溜溜球了，可是卖完了怎么办？”

妈妈：“妈妈说了，妈妈愿意陪着你一起努力实现你的梦想，如果这里卖完了，你又真的想要，妈妈就带着你去其他地方找，总能找到。”

孩子：“那好吧！你说话算数！”

第二天早上醒来，孩子睁开眼睛的第一句话就是：“妈妈，我还是想要溜溜球！”

妈妈：“好的，到了下午再把最后的决定和我确认一下好吗？”

中午午觉醒来，孩子睁开眼睛，搂着妈妈的脖子说：“妈妈，我还是决定去书城。”

妈妈：“无论你最后决定怎样，我都会陪着你努力实现的。妈妈本意不是要替你做决定，而是要你学会自己去选择。”

妈妈：“你要思考清楚再做决定。在你18岁之前，妈妈有保护你的责任，所以妈妈希望你适当参考妈妈的建议再做决定，等到你18岁以后，就可以自己做决定了。”

孩子：“妈妈，谢谢你这么爱我。”

点评

妈妈清晰地摆明了自己在孩子成长过程中的角色，“不替你做决定，但是有义务提醒你，并且陪伴你达成梦想”，同时阐明“你需要学会自己做选择，只是你18岁之前，妈妈有保护你的责任，所以你要适当参考妈妈的建议再做决定，等到你18岁以后，就可以自己做决定了”，让孩子知道自己的另一个需要——“能够为自己的想法做主”是在什么时候，以什么方式来实现。

这样，孩子就能明确地了解妈妈使用权威是在帮助自己，同时学会延迟满足，有了更多思考的时间，了解自己的需要，因而会感谢妈妈的提醒。这一点孩子必须自己体验才能获得。

几个月后，孩子生日时，妈妈主动给孩子买了一个溜溜球。

孩子大喜：“谢谢妈妈。”

妈妈：“你所有的愿望妈妈都愿意努力陪着你实现。尽管这个溜溜球没有上次那个好，如果你可以把这个球玩好了，然后想要买个更好的球，妈妈也会努力和你一起实现的，怎么样？”

孩子：“谢谢妈妈！”

妈妈：“你以后遇到类似的事情，可不可以尝试着用这样的方式，仔细考虑一下，这是不是自己真正最需要的，好吗？”

孩子：“好的！”

点评

使用权威之后，妈妈在孩子过生日时又主动补送了一个溜溜球，这种补偿让孩子感觉到妈妈是有规则的人，也是爱自己的人。

这样，孩子会很愿意和妈妈沟通。以后和妈妈的关系会越来越融洽。事后补偿也是使用权威之后改善关系的补救措施之一。

使用权威，并不是不允许孩子做什么。使用权威，是要让孩子明白父母的原则和底线。

第三节

事后详细沟通

事后详细沟通，是减少使用权威的风险的第二种措施。

父母有时因形势所迫，必须立刻使用权威，可以在事后说清楚意图，为给孩子造成不好的感受道歉，并倾听他的述说。告诉孩子父母爱他，但爱只是动机，不代表父母做的一切都是对的，不代表孩子都必须接受。可以说：

“其实我们的目的都是让你更好。所以我们要一起努力来探索怎样可以让你更好。我们可能有一些做法让你不舒服，那么我们来谈一下，怎样可以既解决问题又让你更舒服。我们希望听听你的建议……如果你目前没有想出更好的方法，而我也没有想到更好的提议，那只有按照之前的方法先做，直到想出新的好方法。”

如果没有最后这一句，就变成了：“我爱你，所以你必须接受我所有的做法。”在孩子看来，爱成了父母控制他的一种方式，这会让孩子在接受父母的关心时，产生被控制和被剥夺的感觉。时间一长，孩子甚至会怀疑父母的出发点并不是让自己更好。

7岁的女儿早上不肯上学。

女儿在学期结束前几天起床晚了，担心老师批评，因此不想上学了。

当时我的处理方式："上学没得说，不论多晚都要去。"

女儿哭着说："你们不关心、不理解我，我都这个样子了，你们还不理解我。"（边说边去上学了）

晚上放学后，我把女儿单独叫到房间里来，和她谈话。

第一步，邀请孩子谈话。

妈妈："今天顺利吗？"

女儿："挺顺利的！"

妈妈："早上你起床晚了，妈妈逼着你去上学了，心里是不是不舒服？"

孩子："嗯！当时我有些不舒服，不过已经没事了！"

妈妈："那妈妈也要和你谈谈这个问题，免得下次来不及解释。"

点评

许多父母看到事情已经过去了，就会不再谈及此事。事实上，即使事情已经过去了，如果当时不舒服的情绪没有及时舒缓，就会累积在潜意识中，到下一次类似事件发生时，以双倍的力量呈现出来。因此，即便事情暂时过去了，也需要把当时发生了什么弄清楚，这样在下一次类似事件中，孩子就会理解父母的行为。

第二步，道歉并表明好意和原则。

妈妈：“早上时间紧，妈妈来不及和你讲道理，当时逼着你去上学，你肯定会不舒服。我当时不得不这么做，让你不舒服了，我道歉。”

孩子：“没关系，妈妈。”

妈妈：“妈妈逼着你去上学，是因为妈妈觉得如果你担心被老师批评就一天不上学，那将来如果老师真的批评你了，你会怎么样？你会不会不敢去学校了？”

女儿（开始思考）：“嗯……”

妈妈：“记住，妈妈可以理解你有不舒服的感受，但妈妈对你的做法有不同意见。学习是每个孩子的权利，你需要学习各种本领，以便18岁以后照顾好自己。”

妈妈：“除非你违反了学校的规则，否则连老师都没有权利不让你到学校读书！如果你因为别人的眼光而放弃读书，那就是放弃了自己的权利！”

女儿：“这样啊！”

妈妈：“当然了！所以，上学是一件不可以动摇的事。”

第三步，倾听孩子的感受，让孩子有思考的空间。

妈妈：“另外，妈妈问你，为什么这么害怕被老师批评？”

女儿：“上次老师当着全班同学的面批评我，没有按照她的要求完成试卷，我很不好意思。”

妈妈：“那老师批评你是因为什么？”

女儿：“我做得不好！”

妈妈："是仅仅说你做得不好？还是同时想让你做得更好？"

女儿："嗯……"

妈妈："妈妈觉得老师批评你也是为了让你做得更好。当然，你可以再想想！"

女儿："噢！"

两天后，女儿高兴地拿着小奖状回家，说："妈妈，你看我评上优秀学生了！"

我也很高兴，趁势问她："是不是老师批评你，就代表不喜欢你了？"

女儿回应："不是！老师批评我是在提醒我，希望我做得更好！"

妈妈："那以后还要不要为了这样的事情，不上学了？"

女儿："不要啦！"

点评

即便是使用权威，也要让孩子知道父母为什么要这样做。当孩子能够了解父母使用权威的意义、父母使用权威和自己的关联，就会愿意接受父母的做法。

同时，父母使用权威并非不理会孩子的需要，反而是给孩子一个表达自己的机会。

第四节

使用权威不代表立刻执行

减少使用权威的风险的第三种措施：使用权威不代表立刻执行。使用权威不代表断然做某事，使用权威也需要过程。

7岁的孩子不想和父母分房睡。

第一步，坚持原则，并激发孩子行动的意愿。

妈妈："你不想和我们分开睡？"

儿子："是的！"

妈妈："那你将来是不是真的想做自己国家的国王？"

儿子："当然想！"

妈妈："如果你和我们在一起，永远是爸爸是国王，妈妈是王后，你只能是王子。要做国王，首先必须拥有自己的国家。"

儿子："那我会长大的。"

妈妈："好，每个孩子长大后都要拥有自己的房间，这就是你的小国家！国王都跑到别人的国家去了，这个国家可就没法管理啦。"

儿子（笑）："我要做自己国家的国王。"

第二步，商谈解决问题的时间表。

妈妈："那怎么办，试着自己睡吧？"

儿子："不行，要过段时间才可以！"

妈妈："那要到什么时候？"

儿子："等我上小学三年级吧！"

妈妈（笑）："那要好几年以后啊？这个计划不可行！"

儿子："那就过了明年生日后开始吧！"

妈妈："妈妈觉得时间还是有点长了，再有一个月就是儿童节了，过儿童节代表你不再是幼儿，而是儿童了。长大了，儿童就要自己睡了。从那时开始怎么样？"

儿子："好！"

点评

父母使用权威更多时候是表明坚持原则的态度。

有些事情父母和孩子都必须立即解决，有些事情则需要一定的过程。

告诉孩子"分房睡是必须的"，同时父母理解孩子改变需要一个过程。关于多长时间、以什么样的方式做到，需要制订一个让父母和孩子都容易接受并且切实可行的计划。

"坚持分房睡"是允许父母和孩子不同；而考虑孩子的接受程度、执行时间长短，则是允许孩子和父母不同。

使用权威并不代表必须立刻执行。使用权威时问问自己，是否一定要孩子立刻作出调整？如果父母每次使用权威都要让孩子立刻执行，父母是否具备延迟满足的能力？

父母先学会延迟满足，孩子才有机会学会延迟满足。这就是言传身教。

第五节

事后主动给予适当的补偿

减少使用权威的风险的第四种措施：事后主动给予适当的补偿。

我们经常看到禁烟告示牌上写着“禁止吸烟，违者罚款！”的字样。我在一个故事中看到，台湾有家超市的禁烟告示牌上写着“此处安有监控设施”，你们猜后面的内容是什么？不是吸烟者罚款多少，而是“请保持微笑”。

即便是使用权威，也需要尽量采用人性化的方法，以降低对亲密关系的影响。如果父母总是说“我的事情这次必须要做”，而没有适当的妥协，时间久了，会让孩子觉得父母只强调自我的状况，对孩子的需要不闻不问。

所以，如果使用权威之后，可以给予补偿，就能够让孩子看到父母让步和体谅自己的一面，从而减少使用权威的风险。

下面来看看关于事后补偿的生活实例。

妈妈给5岁的女儿打电话，告诉她自己要加班。

晚上又要加班了，妈妈打电话给孩子：“孩子，对不起，妈妈今天不能回家吃晚饭了。”

孩子不说话了。

妈妈：“妈妈不能回家和你一起吃饭，你一定有点失望。妈妈一天没有见到你了，好想你啊，可是因为工作妈妈要晚点才能见到你了！”

孩子（沉默）：“……妈妈，为什么你要晚上加班？”

妈妈：“哦，你好想妈妈快点回来陪你。妈妈也是一样的。今天的工作有点多，所以不能和你在一起，真的好遗憾。孩子，妈妈真的好想多和你待一会儿，你能不能答应妈妈一件事情：明天早晨你上幼儿园的时候，一定要让妈妈送你。晚上不能和你在一起，我已经很遗憾了，明天早上你可一定要给我机会让我和你在一起啊！”

孩子（不难过了）：“好的，妈妈！那你吃饭了没有？要注意吃饭，这样你工作的时候我就放心了！”

妈妈：“好，妈妈现在就去吃饭，谢谢宝贝的关心和理解！妈妈收到了，真的好开心啊！”

孩子：“那妈妈你快去吃饭吧，要不然又要饿到好晚，我会心疼的！”

妈妈：“好，那你要是有什么事情，再给妈妈打电话，好吗？”

孩子：“好！妈妈再见！”

点评

当孩子要求补偿时，父母通常有以下几种表现：

（1）使用权威之后做不做补偿，父母说了算。

很多父母总要求孩子有事情必须立刻去做，可父母教育孩子时又希望孩子学会控制情绪，要“延迟满足”，这便成了一个典型的双重信息示范。刚开始孩子可以配合，但时间久了，孩子就不愿意配合了。

（2）使用权威之后不做补偿，父母会处于自责状态，出于这种心理，在其他问题上，父母有可能放弃自己的原则。因为坚持原则而伤害了孩子，这不是父母想要的。

于是，在面对问题的时候父母容易陷入问题，而不是面对问题或者跳出问题来解决问题。未解决的问题又给父母制造了新的焦虑，累积的时间一长，父母的焦虑就升级了。

（3）使用权威之后讨好孩子。相比前两种方式，使用权威之后讨好孩子更不利于关系的修复。

如果“连续使用权威+连续讨好”的频率比较高，可能导致孩子有“蹬鼻子上脸”的反应，因为孩子的愤怒没有得到认同，而父母的讨好行为又让孩子觉得，连父母都知道自己的做法是错误的，父母补偿是理所当然的。在一次次父母使用权威、补偿的循环中，孩子的愤怒不断累积，会对父母产生恨意，“你明明知道这样是不对的，还要这样对我！”于是出于反抗或者报复，孩子可能在父母讨好的时候提出更多的要求，以此来惩罚父母。

一些孩子只要看到喜欢的东西就要求父母立刻买，买回来根本不用，也不玩。有时他们并不是真的需要这些东西，而是在和父母较劲或者是无意识地报复。

（4）父母使用权威之后，坦然补偿，并沟通、总结，了解对方的感受。让孩子学会接受、学会原谅、学会总结自我。

在这个案例中，妈妈工作是必须的，不可能经过孩子的同意再去加班。所以倾听孩子的表述之后，需要直接提出“妈妈也想和你多待一会儿，但今天工作多，就不能和你在一起了”。这样使用权威之后，针对孩子的需要，做一个主动补偿的邀请——“明天早上可不可以给我个机会和你在一起”，“不要让别人送你，一定要让妈妈送你”。于是孩子就容易接受了。

爸爸周末要出差，孩子不愿意，要求以周末让自己玩电脑游戏为补偿。

第一步，出差是一个不可避免的事实，努力让孩子接受。

孩子：“不许你走！”

爸爸：“你告诉我怎么样可以让你好受点？”

孩子：“不出差！”

爸爸：“如果还有两天就要期末考试了，爸爸需要你陪我聊天，你怎么办？是准备考试，还是陪我聊天？”

孩子：“准备考试！”

爸爸：“同样，爸爸的工作也是这样。现在爸爸就面临这样的问题，马上就到我的考试期了，你说我该怎么办？虽然我们不愿意分开，但我也需要你的理解，我也很想顺利通过我的考试。”

孩子：“那好吧，不过我要求补偿。”

点评

很多父母就怕孩子和自己讲条件，实际上，会讲条件的孩子往往也是会为自己争取的孩子。只是怎样讲条件，父母要把握方向。

第二步，不和孩子做交换，把问题清晰地分开。

爸爸："可以，你说吧，需要什么补偿。"

孩子："你不在家，那就不要限制我周末玩电脑游戏的时间。我自己玩电脑游戏。"

爸爸："那不行，这是两回事！"（表明原则）

孩子："那你又不在家，我怎么办？"

爸爸："你是不是想找点有意思的事情做，免得周末太无聊？"

孩子："是啊，所以你和妈妈说，别限制我玩电脑游戏的时间了，我自己管我自己！"

爸爸："我明白了，我们现在面临两个问题，一个是这个周末，你怎么过得有意义；另一个是爸爸因为出差不能和你度过周末，该怎么补偿你。"

孩子："嗯！是的。"

点评

当孩子提出条件的时候，要注意分清楚，这个条件到底是当下事件的补偿，还是针对另一个问题做交换。如果是后者，补偿就变成了交易，父母也会因此失去原则。

第三步，相继解决两个问题。

爸爸："关于补偿问题，等我回来好好和你安排，我们一起做些有意义的事情。如何？"

孩子："什么有意义的事情呢？"

爸爸："我要给你惊喜，你就放心吧，你的想法爸爸已经知道了，你也知道爸爸说话向来算话的。如何？"

孩子："那我这个周末怎么办？"

爸爸："嗯，我们现在来探讨一下。第一，你想找点有意思的事情，这个我完全同意，不过对于不限制玩电脑游戏的时间，这个我不接受，因为我和妈妈会担心你的视力。除此之外，玩电脑成瘾是我们最担心的，有很多孩子都玩电脑成瘾。所以，我同意'找有意思的事情'，但'不限制游戏时间'不可取。"

孩子："那你想怎么样呢？"

爸爸："你想要找点有意思的事情做，除了电脑游戏之外，你不是很喜欢体育运动吗？"

孩子："就是嘛，你在家还可以陪我打球，现在没有人和我打球了！"

爸爸："其他人可以吗？或者其他运动？"

孩子："暂时想不到有什么人可以和我去打球，不过小松周末都去广场滑轮滑。"

爸爸："哦，那么你可以做点什么呢？"

孩子："我可以和小松一起去滑轮滑！"

爸爸："哦，这个想法不错！那周末玩电脑游戏的时间，可以继续原来的协定吗？"

孩子："行！"

爸爸分享

我认为这次谈话中，我的行为对孩子的主要影响是我没法及时地陪伴他，导致他周末无事可做。

所以我的补偿内容也仅限于我后期对他的陪伴，而不是在玩电脑游戏问题上放弃原则做交换。

另外，出差回来后的第二个周末，我花了一天时间和他去打球，参观了手工模型的展览，他很开心。我顺势告诉他，“出差是爸爸工作的一部分，并不代表爸爸不想和你在一起，只要有时间我就会很享受和你在一起的时光。”孩子很高兴。

点评

补偿不等于交换，也不等于讨好。

讨好和坦然补偿的最大区别：讨好，是父母觉得内疚的时候，破坏规则而满足孩子；坦然补偿，是父母任何时间都坚持原则，只主动满足孩子的合理需要。

很多父母不能够陪孩子，让孩子提要求。孩子要什么就买什么，以为这就是补偿，其实这不是。

补偿针对的是父母的行为对孩子造成的影响，比如没有陪伴孩子，就要在往后的时间里及时陪伴他；没有参加孩子的家长会，下次就要尽量主动地参加或者主动制造其他机会和老师接触。

至于孩子提出的其他想法和需要，这是另一件事情。

有些父母喜欢拿“将功抵过”作借口，以为不用满足孩子某些需求，这是不可取的。功就是功，过就是过，如果拿“将功抵过”来堵孩子的嘴，长期下来会造成更多让父母意想不到的问题。

比如，平时不许孩子吃那么多零食，当自己在其他事情上对孩子过于严厉，觉得内疚，就主动妥协，讨好孩子，于是买大包的零食来给孩子吃。这种做法虽然会让父母当时心里好受一些，可也让孩子的行为变成一场拉锯战，让孩子不知道是否需要坚持。

解决方法是将两个问题分开探讨，零食问题需单独解决；其他过于严厉的教导，可以正面探讨，及时道歉。如果父母碍于情面不能及时道歉，也要在行动上进行调整，用相对柔和的方式解决。

案例中的爸爸并没有因为出差让孩子感觉不舒服就妥协，让孩子无休止地玩电脑游戏，而是出差回来后，同样在“孩子需要陪伴”的问题上，主动补偿。对于另一个问题——孩子周末要玩电脑游戏，则进行了单独处理，从而使得两件事情都得到了合理解决。

在众多的来访者咨询中，我发现，其实当父母坚持自己的原则，兼顾孩子感受时，孩子即使短期表现出不舒服，在潜意识中却会产生更加强烈的喜悦，因为这样的父母是有力量的，孩子更会因此更加信任父母并接受父母的意见。

第六节

使用权威的强度和频率要考虑孩子的承受能力

减少使用权威的风险的第五种措施：使用权威除了要注意方式之外，还有一点非常重要，即使用的强度和频率要适应孩子的承受能力。

父母为了坚持原则要求孩子必须做到一些事情，如果不考虑孩子的承受能力，往往会出现反作用，孩子会因压力过大而无法负担，出现逃避、不改变甚至沉溺在错误行为中的现象。

就好比，一个成年人可以拿起15千克的物体。如果想要一个3岁的孩子变得坚强有力，可以拿一些挑战他极限的重物来锻炼他的负重能力。如果参考成年人负重15千克的标准决定给他5千克的重物锻炼，后果会怎样呢？孩子会被压垮、哭泣，继而对重物敏感、逃避……

那么父母该怎么做呢？

首先，应该清楚一个3岁的孩子通常可以拿起多重的东西，然后稍微增加一点重量。这样的锻炼才是既增加了难度，又在他可以承受的范围内。

一个成年人负重15千克很容易，但如果一天24小时负重15

千克就是一件非常难受的事情了。对孩子来说也是如此，不能让孩子频繁地挑战极限。一根橡皮筋拉一段时间就放松，再拉再放松，它会比长时间紧绷不放松的橡皮筋更加耐用。人也是一样。

另外，当人生病时，成年人的用药量远大于孩子的用药量。

对于眼睛看得到的东西，父母能做到心里有数，可对于看不见的孩子的心理成长，父母却不太清楚。

如果头发、皮肤、器官、血液、骨骼能显示身体的健康状况，那么各种行为表现则可以显示心理的健康状况。

孩子的行为异常代表着内心出现了某种需要，我们称为“心理感冒”。

在孩子“心理感冒”的时候，父母给孩子“开处方”，但是需要非常注意“用药”剂量。

亲子关系有个特点：父母有义务养育孩子，对孩子的成长负责。所以，父母在做个人决定时，一定要考虑孩子的承受能力。超出承受能力的强制性行为会导致亲子关系的恶化，还会对孩子造成恶性影响。

对父母来说，他们为了养家必须去工作是没有错的，但用极端的方式对待孩子，使孩子顺从，就非常不可取了。

这些孩子长大后，会与父母对立，有的甚至仇恨父母，这种仇恨不仅让父母们黯然神伤，也让这些孩子长大后在面临各种关系时非常紧张。有的孩子在青春期出现自闭，有的对他人的感受表现得非常冷漠，有的很小就出现强烈的暴力倾向……

如果父母当初的做法考虑了孩子的承受能力，这些问题就不会以极端的形式出现了。

多数的不快乐中仅有少数的快乐，让人容易忽视。

多数的快乐中有一部分不快乐，让人更容易接受，而且更愿意面对问题。

第七节

提前预防，减少使用权威的风险

减少使用权威的风险的第六种措施：提前预防。

并非一定要等到问题出现时再做处理，问题出现的时候，如果孩子的情绪过于强烈，反而要滞后处理；而有些问题可以提前处理。

做事应该未雨绸缪，居安思危，这样，在问题突然降临时，方可从容面对。

比如，下周爷爷奶奶要来家里，如果担心孩子的一些行为习惯受到影响，就需要提前和孩子交流，做好预防工作："爷爷奶奶下周要来了，我担心……""你是怎么想的呢？"用这样的方式提前交流，也让孩子学会提前做准备。

孩子有了心理准备会让问题变得容易解决。

妈妈带4岁的女儿去超市，考虑到孩子可能想自己挑选东西，便规定了在超市买东西的范围。

参考表述

妈妈："一会儿我要去超市，你是否愿意去？"

女儿："我也要去！"

妈妈："你有什么想要的东西吗？"

女儿："我要薯片！"

妈妈："还有呢？"

女儿："没有了！"

妈妈："我担心到时候你看到其他喜欢的东西就立刻要让妈妈买，怎么办？"

女儿（笑）："如果我特别喜欢，妈妈就买给我好了！"

妈妈："呵呵，这对你倒是个好主意！不过，如果你一次性买太多的零食，我就不敢带你去超市了！"

女儿："嗯，那这样吧，妈妈，再给我个选择的机会，两样东西吧！一袋薯片，一袋别的什么，行吗？"

妈妈："好，同意！就这样定了，如果看到了你喜欢的东西，自己选择最想要的，剩下的我们下次再去买，怎么样？"

女儿："好的，谢谢妈妈！"

点评

我们经常会看到一些孩子在商场里因为父母不给他买想要的东西而大声哭泣，甚至躺在地上打滚。所以，不要等到了超市再说规则，要提前说好，这样也可以避免使用权威解决问题。

另外，案例中最后一句话"自己选择最想要的，剩下的我们下次再去买”，也表明一个态度：你想要什么东西，妈妈都愿意满足你，只是时间早晚而已。

人之所以出现选择困难，是因为对未来没有安全感和希望，于是什么也不想放弃。如果不敢选择，就无法提高自我承受力以及自我对外界需求的认知力。因此，建立孩子对未来的希望，就要给机会让他选择，并且局部延迟满足，培养孩子的选择意识和承担意识。

8岁的儿子在吃饭时跑来跑去。

饭店大厅太大，万一儿子跑得太远，我担心他出安全问题。

以前我的做法都是使用权威命令孩子“不要跑了”，孩子坐一会儿，然后又跑；我不断寻找孩子、提醒孩子，但孩子照常乱跑。现场使用权威的效果并不好，于是我尝试提前预防。

妈妈：“今天吃饭的时间有点长，你感到没意思，所以总是跑来跑去？”

儿子：“是啊。”

妈妈：“你跑得太远，妈妈会担心你的安全。那下一次怎么做可以让我们一起吃饭，又不会让你在大人说话的时候觉得没意思，还可以确保你的安全呢？”

儿子：“带个小朋友和我玩就行了。”

妈妈：“这也是个办法啊！找个小朋友一起去。如果我们的客人中没有小朋友怎么办呢？”

儿子：“也可以找个有游乐场的地方，我吃完饭，你把我送过去，我自己和那里的小朋友玩！”

妈妈：“这个想法听起来也不错！还有没有其他的办法呢？”

儿子：“没有了。”

妈妈：“我还有个办法，你看怎么样——你可以带一些自己的玩具或者图书，在妈妈和别人谈话的时候你可以自己玩一会儿！”

儿子：“嗯，也可以！”

妈妈：“还有，如果你想在饭店里玩，妈妈可以和门口的工作人员打招呼，不让你出门，这样确保你在饭店里面是安全的，这个你接受吗？当然，也不是绝对不让你出去，如果想出去的话，需要先和我打招呼，我可以陪你去，怎么样？”

儿子：“可以！”

妈妈：“那我们下次尝试这几种方式，看看效果如何，再进行调整好不好？”

儿子：“好！”

如果在问题发生之前就预防，是可以缓解或者避免使用权威的。

协商的效果越好，需要使用权威和处罚的次数就越少。重要的是，协商要同时满足孩子“无意识”的需要，而不只是简单强调父母的担心和控制孩子的行为。

07

第七堂课

The Seventh Class

处　罚

本堂课属于“父母和孩子都在问题区域”

爱不是泛滥的，
而是有节制的。
爱和接纳是有规则的，
规则告诉我们如何在这个世界上生活。

第一节

如何看待处罚

许多父母不明白“规则”和“处罚”之间的关系，以为规则一定要通过处罚才能建立。实际上，很多时候父母的处罚是没有效果的，或者只是短期有效果。

那么，处罚对于规则的建立有什么意义呢？

一、从社会阶段重新看待处罚

孩子在学校把同学的书撕了。

“你又把别人的书撕坏了，哪只手？拿出来打两下！”

“棍棒底下出孝子”，古人的话有其一定的道理，但是我更相信这个道理的出发点——“严格”，而不是实现“严格”这个目的的方式——“棍棒”。

现在的社会，信息非常发达。孩子每天可以接收各种信息，其中有正面的也有负面的，有他能够正确理解的，也有他不能够正确理解的。

一个孩子要求妈妈和他一起看动画片，妈妈说累了，孩子说："不行，就要你陪我看！你不关心我的感受！"

妈妈说："你看我平时对你……"

孩子说："那是你应该的！你就是应该照顾我的！你陪我是你应尽的义务！"

妈妈错愕了。

孩子在网上看到的信息就是这样写的："陪伴孩子是父母一定要做的事情。"

孩子把"父母需要做的"和"父母应该做的"弄混了。不仅孩子会弄混，成年人往往也难以清晰地界定。这种情况下，如果没有人合理引导，孩子会根据自己的理解，对父母产生很多误解。

在不同时代、不同文化和资讯背景的情况下，父母选择教育方法时必须要慎重。

严格的方式有很多，棍棒只是其中的一种。

很多问题青少年的成长经历都表明，他们的父母早就放弃他们了，他们似乎没有了改正错误的动力，因为无论做什么都不会再得到家庭的接纳。

也许父母可以换一种方式来约束孩子，让孩子感受更多家的温暖，这样在孩子出现问题的时候，会愿意向家人寻求帮助。父母至少知道发生了什么，可以作出相应的对策，帮助孩子避免一些无谓的伤害。

二、从处罚结果看待处罚

（1）处罚可以暂时控制不良行为，但对孩子来说，即便接受了处罚也经常陷入不知所措的惶恐中，因为他们没有学会用正确的方式去补救自己的行为，如果再发生同样的事件，还是不知道如何承担责任。

（2）过于严重的处罚会改变孩子对自我负责这一良好动机，他们会失去自我判断能力，而有意去和处罚的伤害抗衡，这表现在他们会更加小心和巧妙地掩盖这些行为以及造成的后果，从而不再诚实和负责任。

（3）随着年龄、承受力、社会阅历的增长，孩子对处罚的免疫力不断增强，处罚会让孩子伪装自己的需要以逃避惩罚，而不是面对问题，这样处罚的效果会大大减弱。如果父母还想用处罚的方式教育孩子，必然需要加重处罚，这样就会形成恶性循环。

（4）处罚可能让孩子把焦点放在父母不高兴的情绪上，而不是放在问题本身，于是他们行动的变化就是为了哄父母高兴。

有位妈妈来咨询孩子的教育问题，谈到夫妻教育观念和孩子行为之间的关系时，告诉我这样一件事：

有一次爸爸让孩子在做错事之后面壁思过。当孩子面壁结束，妈妈问孩子：“刚才你都总结了什么？”

7岁的孩子回答说：“我知道了，爸爸刚才生气了！”

这位妈妈在给我说这件事情的时候，无奈之下也是哭笑不得。

所以，其后果是，孩子会形成对父母处罚依赖的情况：爸爸妈妈没有不舒服，那就没有问题了。

结果父母变成了孩子的“监督员”，不监督的话，孩子就不会在意问题，这样父母会非常辛苦，无法使孩子真正意识到自己的问题。随着孩子年龄的增长，父母要监督的问题会越来越多，会更感觉到力不从心。

当孩子因为在意父母的情绪而做改变时，一旦孩子对与父母的关系感到失望，他们可能会完全放弃改变，甚至走向对立。当这些孩子长大成人，在和他人的人际关系中也会重复同样的模式。

从孩子成长的角度来看，过重的处罚也会极大地伤害亲子关系。

那么，是不是处罚就完全不能用了呢？不是的，最重要的是度的把握。过度的处罚一定会让孩子受到某种程度的伤害；适当的处罚会让孩子更好地知道行为的尺度，学会为自己的行为负责。

第二节

承担后果是最好的处罚

严厉的惩罚不一定能让孩子感到羞愧，其实，父母不需要做出特别的惩罚，只要让孩子承担行为的后果就可以了。

自尊心强的孩子，哪怕是口头的处罚，也会当回事。

很多父母在孩子考试考不好的时候就要惩罚孩子，实际上，对孩子来说，没有考到好成绩就已经是他受到的惩罚了。他非常清楚这一点。

即便是一件小事，只要冠以处罚的名义，孩子就会非常紧张。

8岁的女儿开始自己负责日常事务管理。

从上个月开始，我对孩子说，以后她需要自己管理书包，我不再帮助她检查了。

可是一周前的早上，我发现孩子的书包已经整理好了，但是语文书落在书桌上了。我犹豫要不要告诉孩子，最后还是决定让孩子自己承担后果。

由于没有带语文书，孩子被老师批评，回来大哭了一场，从那以后，孩子对自己的书包检查得更加仔细，整个学期再没有出现这样的问题。

对孩子来说，被老师批评就已经是对没有带齐书本的处罚了，回家后父母需要使用协助倾听技巧陪伴孩子，让孩子更好地面对这个问题。

孩子遇到挫败难过是正常的。痛苦和难过是每个人在成长中都会经历的，我们都是在挫败中长大的。失败让孩子知道他还有所欠缺，还要学习。

父母要注意，不要让家庭成为挫折的练习场。

有些父母认为，与其让孩子在外面被别人伤害，不如先在家里被父母磨炼。这样做会适得其反，孩子会认为问题都是父母制造的，而且也不会在事件中主动吸取经验教训。

一部电影中有段情节：美国的一所军事学校，以魔鬼训练而闻名全世界。其中有一个新来的女兵，在接受魔鬼训练的时候，遭到了老兵轮番侮辱。那些老兵的理由："在战场上什么样的事情都可能发生，我们只是让她提前学会适应！"

听起来是很荒唐的一种说辞，细细想一下，很多父母在家里制造挫折的模式是不是和这个很像呢？

"你不好好吃饭，谁都不会喜欢你！我就要让你饿几顿，让你知道饿的滋味！”

孩子可能的反应：我并没有看到别人像你说的这样对我，只看到你是这样对我的。

角色模拟是可以的，但如果因为使用不恰当的方式而造成了伤害，那就得不偿失了。

很多初中生家长都谈到一个问题：“孩子非常乖，一个月都花不了10元钱；但是有什么东西坏了或者不好用了，马上就丢掉，要求重新买。如果和同学相比，他的东西不够好的话，也会马上不用，要求家长重新买一个。”

还有家长说：“孩子对于钱没有概念，喜欢的东西不管价格多贵，都要大人买。”

有些父母为了不让孩子乱花钱，把钱的使用权和决定权都握在自己手中，或者“因为你乱花钱，所以我罚你没有零用钱”。其实这些做法都只会适得其反。

表面上看，孩子不会乱花钱了，因为必须得到父母的允许才可以购买东西。可实际上，父母却把替孩子决定的责任揽在了自己的身上。一旦孩子想要什么东西没有得到满足，就会觉得是父母不想满足自己。

想让孩子承担责任的时候，必须给孩子一定的权利，权利和责任永远是一体两面的。要想让孩子对钱财拥有一定的认知和管理能力，必须要有条件地让他为使用钱财负责，并且有机会使用钱财，同时让他承担一定的风险。

让孩子从小就有零花钱是一个比较好的解决方法。从幼儿园开始，就可以教孩子认识各种钱币。按照当地的消费水平以及孩子的年龄，给小学生一个月10～50元的零花钱，足以让孩子开始练习安排自己的初级欲望了，他会在这个弹性范围内尝试着平衡和管理自己。即便是收入比较高的家庭，一般来说，也不建议在初期就让孩子接受过多的财物，需要循序渐进。

这个方法可以约束孩子其他的行为。比如，孩子洗澡时间总是过久，那么尝试告诉他，在多长时间之内由父母负担水费，在超过多少时间之后，需要他来缴付水费等。

这样既培养了孩子对财务的认知，又能培养孩子主动分析和管控自己的行为的能力。这个过程中，孩子将学会协调自己的各种需求，学会负责任和作抉择。

年龄小的孩子还没有学习基础的算术和认识钱币，可以提前和他约定每次上街多长时间，可以挑选几件喜欢的东西，然后按照这个标准执行一段时间，让孩子学习处理自己的需要。如果已经购买了规定数量的物品，可孩子又看到想要的东西，这时，暂时的“得不到”已经是对孩子没有思考清楚的处罚了。父母要做的就是陪伴他，鼓励他等待下次再买，引导他对事件进行总结。

我在直述式表述技巧中曾经讲过，比如孩子不小心把牛奶洒到地上了，最好的解决方式就是让他承担后果，把地上的牛奶擦干净。如果孩子太小，父母不要指望孩子可以立刻做好，事后需要父母重复擦洗，但是首先要让孩子有承担后果的意识。

第三节

处罚也需要陪伴

即便是处罚，也需要有陪伴，绝对不可以拿亲子关系和爱来做处罚。尤其是年幼的孩子，在一些事情上是不可以单独受罚的。

孩子无论是生存、自理还是认知，都还没有形成完全自立的能力，自然会对亲子关系非常紧张，尤其在弱小的时候，亲子关系的分离会让他们产生不安全感。如果一个孩子没有足够的安全感，他长大后会把这种不安全感带入成人的世界。

从受孕到出生，孩子有一个“生理脐带”的脱落期。同样，在孩子长大的过程中，孩子的内在也有一个“心理脐带”的脱落期。我个人认为，中国人“心理脐带”的脱落期最早要持续到21岁，这是一个漫长的阶段。

父母往往没有给孩子足够的时间便过早地让他们独自面对社会。父母不小心就忘了，那个“贴心小棉袄”更需要“贴心大棉袄”，他们还无力独自面对所有的问题。

如果孩子需要独自承担做错事情的处罚，他会认为：“平常爸爸妈妈都和我在一起，但是我做错事情的时候，他们会离开我。”

这样导致的结果：

（1）以后只要有分离，孩子就会认为是自己做得不好。只要有人不高兴，那就是自己的错。爸爸妈妈分开，也是因为自己不够好，他们才这样。因此离异家庭的孩子休学、沉迷网络的现象特别多。

（2）孩子会特别害怕做错事情，不愿意承认做错事，不愿意承担做错事情的后果，因为他们认为一旦承认错误，就可能会失去亲密关系。

那些成年后不愿意认错，或者无论别人说什么都会否认说"不是这样的"的人，小时候大都经历过以关系为要挟的处罚。比如被关黑屋子，被关在家门外，被告知再不怎样就不要他，甚至遭受冷暴力。

遗憾的是，这些处罚有一部分成为很多父母的口头禅，比如，"再不乖就不喜欢你了""再不听话就不要你了"，有些父母甚至在孩子小时候故意逗孩子玩，自己在前面跑"快点，赶不上妈妈就不要你了"，孩子就在后面哭着跑……

现阶段的教育在这个部分真的非常匮乏，父母这样做的时候，往往并不知道对小孩子来说这是多么可怕的一件事情，更不知道会对孩子的成长造成怎样的不良影响。

生活中经常听到，"妈妈，你到底爱不爱我？""是不是我不够好，你才不要我？"这些平常父母都没有关注的话，里面包含了很多内容："我考一百分，妈妈就爱我；我考得不好，妈妈就不爱我了！""我听妈妈的话，妈妈就爱我；我一旦不听话，妈妈就不爱我了！"里面夹杂着太多孩子对父母的不信任和对自己安全感的担忧。

父母总是忽略这样的“小问题”。其实这些是关乎孩子成长的大问题。

人的一生，最大的幸福就在两件事：做自己喜欢做的事情，和自己心爱的人在一起。如果父母以亲子关系为要挟来处罚孩子，就剥夺了孩子的第二种幸福，同时制造了极大的悲哀；即便是处罚，孩子也同样需要父母的陪伴。

夫妻配合调整3岁女儿的行为。

孩子学外面的小朋友把吃过的苹果皮吐在地毯上。爸爸大声地训斥她，并且让她自己好好想想。孩子大声哭泣，妈妈走过来安慰她。

妈妈：“自己坐在这里，被爸爸处罚的滋味真不好受呢！”

孩子搂住妈妈大声哭泣。

妈妈：“是不是很害怕，因为做错了事别人就不理你了？”

孩子边哭泣边点头。

妈妈：“嗯，妈妈理解。不管发生了什么，妈妈都和你在一起。就算是受惩罚，妈妈也和你一起接受惩罚！”

孩子的哭声很快就小了下来。

妈妈（看到孩子的情绪有所平复）：“妈妈理解被爸爸批评的感受不太好。但同时妈妈觉得爸爸说的也有道理！姥姥和姥爷收拾房间是挺辛苦的呢！”

孩子立刻停止了哭泣，自己想了想，然后从妈妈的怀里走下地，去找爸爸：“爸爸，是我错了，我不该乱吐果皮，下次我不这样了！不过，下次你可不可以不要这么严厉地说话？我有些害怕！”

点评

（1）当妈妈用陪伴式倾听表示理解孩子，同时表明“就算是受惩罚，妈妈也和你一起接受惩罚”时，孩子对亲密关系的担心就开始缓和，因为她知道无论发生了什么，妈妈都会和她在一起，不会因为她做得不好就放弃她。这时她就会有勇气直接面对问题。

妈妈在孩子的情绪缓和之后，才表明自己有和爸爸相同的观点，让孩子重新思考爸爸为什么这样做。

（2）批评和处罚孩子时父母该如何配合呢?

有人说，父母教育孩子时要观点一致，至少在孩子面前不要互相抵触；还有人说，批评和处罚孩子的时候，父母两人要一个唱红脸、一个唱白脸。这两种观点都有道理，但父母具体实施的时候，又会出现许多问题。

比如第一种观点，在有些家庭中，父母中一人在批评孩子的时候，另一人同时批评孩子，这容易让孩子有被排斥的感觉，尤其是家庭成员很多的家庭，当所有人都在同时批评孩子时，孩子的被排斥感会更加强烈。孩子长大后在各种团队中的归属感会比较弱，融入人群的能力也比较弱，很难和其他人很快打成一片。

又如第二种观点，“红脸”和“白脸”如果扮演不好，会让孩子依赖某一方而疏远另一方。

从这个案例中可以看到，父母的确要保持同样的教育观点，如果以“红白脸”不同方式呈现，效果就会更好。如果其中爸爸强制孩子遵守规则，那么妈妈要配合疏通孩子的情绪，陪伴孩子调整情绪。

配合的过程很简单：先协助孩子疏通情绪，让孩子感到被理解，然后向孩子解读爸爸的动机。

这样，孩子既可以了解爸爸的意图，又能够感受到父母的关爱，从而把注意力放在问题而非处罚上，更快速、主动地调整自己的行为。

在我遇到的个案中，很多孩子都提到，他们的父母会当着孩子和别人的面把孩子经历的失败告诉别人，想用这种方式给孩子增加舆论的压力。还有些父母会对亲朋好友说："唉，我这个孩子问题太多，实在让人头疼！"这些都是撇清关系的做法，想要说明孩子的错误和自己无关，要求孩子完全自己承担。

孩子在听到父母这样说时，会感觉孤立无援——为什么最亲的人不理解自己，还要在自己心窝上再插把刀？这些不是挫折教育，只是在增加孩子的羞辱感。抗挫折能力不是这样培养的。

再强调一点，孩子需要父母的陪伴，无论是面对困惑还是失败。孩子需要为自己的行为负责，但是父母作为孩子的引导人和监护人，要有和孩子共同承担后果的心理准备。

亲子关系的远离容易让孩子对问题更加漠视甚至仇视，他会认为"反正我爸妈都不信任我可以解决这个问题，我就这样了"或者"你越不让我这样，我偏这样"。

让孩子去面对自己的错误、损失、挫败等自然的处罚，父母要做的是陪着他们，并且培养他们承受这些错误、损失和挫败的能力。

处罚不是为了让家庭变成挫折的练习场，而是为了让孩子拥有更强的能力去面对挫折。

第四节

处罚不是威胁，更不是唯一的方法

12岁的儿子写作业磨磨蹭蹭。

⏸ 不恰当表述

妈妈：“如果你今天不把作业写完，妈妈就取消给你买手机的计划，那是你自己没有努力。”

孩子：“没有完成作业和买手机有什么关系？你是故意找借口不想买给我。”

妈妈：“本来是说好买手机的，但是你这个事情做不完，就不能给你买……”

孩子：“为什么这样？你就是不想给我买手机！”

妈妈：“那你就等着吧！”

孩子：“妈妈，你已经答应我的，手机是不能不买的！”

（不恰当的处罚把话题转移到手机，而不在写作业本身，沟通失败。）

▶ 参考表述 1

妈妈：“后天就要上学了，如果你没有完成作业，明天只能继续写作业。如果是这样，明天就没有时间去动物园游玩了。”

孩子：“哦，我知道了，我今天就把作业写完！”

点评

（1）处罚≠威胁。

如果父母经常使用要挟的方式，会让孩子感觉非常愤怒。在这里，父母提出的建议和孩子的行为没有必然联系，反而让孩子感觉受胁迫，把注意力引向了被胁迫的事件上。

如果写作业和去动物园之间有了因果关系，孩子就容易理解和接受，并且注意力始终在写作业这件事情上。

不能因为“你没有满足我这个，我就不满足你那个”，这是报复，而不是沟通。胁迫只会让问题恶化，得不到解决。

从这点来说，选择处罚内容，和使用权威时的补偿内容遵循同一个原则——承担同一件事情的前因后果，避免把几个问题混在一起。避免孩子因某件事情犯错，而父母却因自己的情绪临时强行取消其他已经确认的事情。

当然，如果事先协商好的共同协定就另当别论了。

（2）两次表述中还有个区别：在“参考表述1”中，妈妈把影响清楚地表达出来了，而“不恰当表述”中只有简单的处罚，让孩子觉得“写作业是我的事情，为什么要由你来决定？”。

（3）使用权威的方法：一定是孩子能够做到，父母也能够做到的。

有父母说：“你再看电视超过20分钟，就一个星期不准看电视！”因为孩子是被迫的，如果父母没有监督，这种解决方案是难以执行的。父母这样做实际上是在搬石头砸自己的脚，经常这样做的话，父母在孩子心中的威信就会降低。

参考表述 2

妈妈：“我希望你今晚可以完成所有作业，这样我们明天就可以放心地游玩了。我们好久没有一家人出去好好玩了，所以我已经为明天做了很多的准备，希望你可以让妈妈的愿望实现啊！”

孩子：“哦，太好了，我会的，妈妈！”

点评

用“希望孩子可以做到……”，替代“做不到就会……”，让孩子愿意接受父母的意见。所以，换个角度，很多问题完全可以不使用处罚来解决。

在世界有名的洛克菲勒家族中，没有处罚只有激励，“孩子做到什么，就可以获得什么”，于是孩子就会往前跑，而不是害怕后面的处罚而往前逃。同样是跑，一个充满了希望和成就，一个充满了担心和不信任。

处罚并不是解决问题唯一的方法。建议式表述如果运用得当，可以避免用处罚的方式解决问题。一个射手在瞄准靶心的时候射击，想着“正中靶心”或“不要射到靶外”，后者成功的概率更大。

不同的处罚和应对方式取决于父母当下的价值观。还是那句话，父母的思维角度越开阔，内心越宽广、柔和，就拥有越多的方式面对孩子的问题。

第八堂课

The Eighth Class

在爱中建立规则的五大原则

爱是尊重，
爱允许我们彼此不同，
爱让我们共同努力。
尊重，包括尊重自己、尊重孩子，
让每个人都成为自己的主人。

第一节

冲突原则

冲突原则包括两方面内容：冲突是不可能永远消除的；冲突本身不是问题，如何应对它才是问题。

一、冲突是不可能永远消除的

了解如何解决冲突之前，先来了解如何看待冲突。

如果你认为学习是为了让冲突消失，那么你可能会失望。

这个世界上不可能没有矛盾，任何人在不同阶段，都有不同的价值观和感受，父母和孩子面临的环境、问题、交往对象都不同，获得的经验也不完全相同，与之相关的想法自然也会不同，所以，在父母和孩子之间一定会有冲突和矛盾发生。

冲突和矛盾在生活中必然存在，没有不变的、永恒的和平，因为“变”是世间永恒的真理。

学习并不是要让父母和孩子的冲突消失，没有冲突和矛盾的亲子关系是一种伪装的和平，真相要么是父母向孩子妥协了，要么是父母在无意识中强迫了孩子。

二、冲突本身不是问题，如何应对它才是问题

亲子间的冲突并非来自矛盾，而是来自父母和孩子不同的价值观。所以解决问题最重要的是如何看待父母与孩子之间的不同和冲突。

一些父母用两种方式避免问题产生：一种是“你输我赢”，父母说了孩子就得听，父母是权威，最后父母“赢得了战争但是失去了长久的和平”；另一种是“你赢我输”，为了避免冲突，父母妥协，父母经常使用这样的方式，最后赢得了暂时的和平却失去了自我。

无论哪种方式，其本质都是不想看到彼此之间的不同。

实际上，父母和孩子只是相爱的双方，不可能完全一样。越是否认父母和孩子之间的不同，就越会对亲子关系造成长久的伤害。允许将所有的问题都摆出来，问题只有摆出来才有可能解决，否则是永远解决不了的。表面上的平静不代表什么问题也没有，那只是掩耳盗铃。

一个不幸的家庭和一个幸福的家庭之间有一样东西是相同的，那就是吵架的次数，不同的是吵架的方式和结果。

幸福家庭的冲突模式是让彼此更加了解对方的需要，他们之间的冲突是有建设性的；不幸家庭的冲突模式让彼此备受伤害，他们之间的冲突更多是攻击性的。

父母所要做的就是，发生冲突时尽量了解父母与孩子的差异，然后共同协商解决问题，更好地扩大彼此相处时的舒适区（即第4个问题区域）。

第二节

整体原则

从前，有两个饥饿的人得到一位长者的恩赐：一根渔竿和一篓鲜活的鱼。

其中，一个人选择了一篓鱼，另一个人选择了一根渔竿，然后他们分道扬镳了。

得到鱼的人在原地就用干柴搭起篝火煮起了鱼，他狼吞虎咽，没几天，就连鱼带汤吃了个精光。不久，他便饿死在空空的鱼篓旁。

另一个人则提着渔竿继续忍饥挨饿，一步步向海边走去，可他还没有看到海洋，最后一点力气就使完了，只能带着无尽的遗憾饿死了。

又有两个饥饿的人，同样得到了长者恩赐的一根渔竿和一篓鱼。只是他们并没有各奔东西，而是商定共同去寻找大海。

他俩每次只煮一条鱼，经过艰辛跋涉来到了海边，从此，两人开始了以捕鱼为生的日子。几年后，他们盖起了房子，有了各自的家庭、子女，有了自己建造的渔船，过上了幸福安康的生活。

一个人的潜能是无限的，但精力是有限的。合作和分享，会产生个人力量达不到的结果。

周末一家人想看电影，父母想看《集结号》，孩子想看《阿童木》。

这种情况，在家庭中经常出现，解决的方案大致有以下几种：

（1）说服孩子和父母去看《集结号》。

（2）放弃父母的想法，陪孩子去看《阿童木》。

（3）到了影院，各看各的电影，看完后到门口集合。

（4）一起连续看完这两部影片。

（5）这一次父母陪孩子看《阿童木》，约定下次孩子陪父母看《集结号》。

（6）这次孩子陪父母看《集结号》，约定下次父母陪孩子看《阿童木》。

点评

方案（1），这是一个典型的“我说了算”“你输我赢”的模式。

方案（2），经常发生在愿意为孩子牺牲自我利益的父母身上，所用的方式是“你赢我输”的模式。

方案（3），看起来大家想看电影的需要都满足了，实际上却缺少了亲子间的陪伴。

以上三种方案偶尔使用是可以的，如果长期使用会出现亲子关系的不和谐或者冷漠。

协商共赢在解决问题时更注重关系的建立，希望父母们更多采用方案（4）、方案（5）和方案（6）。

方案（4），同时满足了大家的需要，父母和孩子喜欢的影片都看了，而且是共同分享和参与。

方案（5）和方案（6），当双方的需求不能够在第一时间全部满足时，可以进行局部满足和分阶段解决，一个阶段解决一个最重要的问题。比如方案（5），这个周末先满足孩子看《阿童木》的需要和与父母相处的需要，下个周末再满足父母看《集结号》的需要，用延迟满足来解决局部的问题。

这就是协商共赢的整体原则。

协商共赢的整体原则包括两部分内容：

（1）解决问题时，以关系为核心，以互助合作代替独立竞争。

（2）当单次不能总体解决问题时，可以在一定时间跨度内总体解决问题。

这一次父母让着孩子，而下一次孩子让着父母，这样关系才可以有进有退，彼此的情感是流动的。

如何看待父母和孩子的需求满足以及亲子关系呢？下面用一个比喻来说明吧。

父母与孩子的关系可以看作一个人的两条腿，父母为左腿，孩子为右腿。

如果左腿没有得到右腿的认同和配合就要自己前进，后面拖着右腿，那么这个人就容易跌倒。这代表父母总是坚持己见，不理会孩子的感受，这样的关系是很难维系的。

如果左腿得到右腿的认同，但是右腿并没有行动，那么这个人可以单脚跳一段时间，但最终还是会摔倒。这代表有时孩子依靠父母，自己不成长，这样的关系也走不长远。

两条腿如果要同进退，只有双脚离地式跳跃，这样跳不会摔倒，但前进的距离有限。这代表关系中的父母和孩子同进同出，要求彼此的所有想法和做法都一样，这种共存的状态可以前进，不过前进的距离有限。

当两条腿完全平衡时，人就可以长时间平稳地站立，不过人的状态是静止的。这代表关系是平等的，但没有交流、支持和改进，这是关系的休息和整顿状态。这时的站立和休息，也有一定的意义，但是时间过长，就会麻木和无聊。

当左腿能够在得到右腿的支持时抬起来并制造一种不平衡，然后向前迈步、落地形成一种新的平衡，然后左腿支持右腿抬起来，制造新的不平衡，接着右腿向前迈步、落地，形成新的平衡……在这种不平衡、平衡循环中，这个人就走起来了。两条腿配合得越默契，人就会走得越远。

这个过程代表着一段长远前进状态的关系，有时需要我让着你、下一次我需要你来让着我，在不平衡、平衡的交替中，确保整体的平衡，关系就可以不断前进。

“跑、走、立”混合使用，使关系得以平稳发展。如何混合使用“跑、走、立”呢？方法是当遇到多个问题的时候，按照轻重缓急的顺序，一个阶段解决一个重点问题。

有时，即使父母清晰了解对孩子不满意的原因，也要问问自己，是否同时有多种原因。比如，孩子早上起床应该快点，写作业应该自觉点，晚上需要收拾好东西，要早点睡觉，少看电视，少玩游戏，星期天要学着帮忙做家务……

同时阐明多个问题，就会变成唠叨，唠叨让孩子分不清重点，同时分散了注意力。孩子又不知道父母到底要让他先做什么，就会产生厌烦情绪。

人不可能十全十美，如果孩子感觉父母对他的各种行为都有不满，就会伤害孩子的自尊。

而且，同时提出多个问题让孩子解决，会增加他的压力，使孩子产生畏难情绪；反过来又给父母培养孩子增加了压力。

所以，当父母有较多的需要时，适当地问问自己，可不可以分阶段解决？第一个阶段重点解决父母和孩子的一两个问题，如果确定，那么在此期间父母就必须允许自己对于其他问题睁一只眼闭一只眼。

在这里，父母是主动地睁一只眼闭一只眼。父母没有忘记或者不解决问题，而是有意识地将问题放一放，再有策略性地去解决它。所以，即便是孩子在其他问题上把父母逼急了，父母也要尝试控制自己，延迟解决。

在这个过程中，父母要不被事件本身所牵绊，有计划地培养孩子。总之，协商共赢不建议父母轻易地做牺牲，只是有些局部的利益需要延迟满足。

如果父母与孩子的关系还不太牢固，或曾经受损过，应考虑先解决孩子的问题，再解决父母的问题。原因很简单，当孩子的需求满足了，就容易配合父母的需要。

当然，最后的排序，还要根据每个父母当下的具体情况来决定。

第三节

差异原则

在协商共赢的模式中，父母在选择结果时必须接受双方有价值观差异的原则。差异原则包括两个方面：父母要允许孩子和自己不同；也要允许自己和孩子不同。

差异原则的具体内容：

（1）允许孩子和父母不同。父母的价值观未必全对，一个人在不同阶段的价值观都有所不同。所以，允许孩子当下和父母看待事物的角度和方式、途径有所不同。

父母对孩子的了解有限，提出的方法不见得最适合当下的状况，孩子接受父母的观点也需要时间，所以要允许孩子在尝试中不断调整自己的认知，寻找更加适合他的解决方法。

（2）允许父母和孩子不同。如果当下力量有限，尝试着允许自己和孩子不同，按照实际情况适当使用权威。

社会规则需要父母给孩子做示范，孩子才能借鉴和接受，所以父母也需要允许自己和孩子不同，拥有不同的解决问题的方式。

（3）父母价值观的接纳度越高，就越能处理好父母与孩子的差异。而父母越能够允许彼此的差异，那个代表关系的“人”跑起来的时候，步子就可以迈得更大。

孩子：“我真的不想说了！谈起这件事情，我就很痛苦！”

妈妈：“我认为你必须要面对这件事情！”

孩子：“求求你，妈妈，别再说了！”

妈妈：“可是你不面对的话，你会更难受的！”

孩子：“别说了！再说我要疯了！”

点评

案例中的妈妈是选择帮助孩子，还是只顾表达自己？父母可以要求孩子按照父母的想法解决问题吗？

其实很多时候，当父母解决孩子的问题时，自己也被带入问题中。

“我知道这个问题对于你很重要，所以我希望陪着你一起面对它。如果你暂时没有办法面对，那我们就放一放。当你需要聊聊的时候，我们再来谈好吗？”也许这是当时最好的表述。

父母对孩子的了解有限，尽管父母是出于好意，希望孩子尽快渡过难关，但是父母提出的方法不见得最适合孩子当下的状况。

面临问题的时候，每个人的承受力都是不同的，不要抱着“当初我七八岁就开始做饭了，十几岁就要照顾一家子人。可是他现在遇到这么点小事情就受不了，将来怎么办？”这种想法。

也许在这方面，看起来孩子的承受力是弱的，但在某些方面，孩子的承受力反而超过父母，只是父母还没有注意到。

父母切忌用自己所长去比孩子所短。

父母培养孩子的自主性，要允许孩子以当下的力量，每次前进一小步；允许孩子有时出现短期后退的状况；允许孩子用更长的时间，用与父母不一样的方式来获得这样的品质。

美国有个叫杰福斯的牧童，他的工作是每天把羊群赶到牧场，并监视羊群不越过牧场的铁丝到相邻的菜园里吃菜。

有一天，小杰福斯在牧场上睡着了。不知过了多久，他被一阵怒骂声惊醒。只见老板怒目圆睁，大声吼道："你这个没用的东西，菜园被羊群搅得一塌糊涂，你还在这里睡大觉!"

小杰福斯吓得面如土色，不敢回话。

事情发生后，机灵的小杰福斯就想，怎么才能使羊群不再越过铁丝栅栏呢？他发现，那片有玫瑰花的地方，并没有牢固的栅栏，但羊群从不过去，因为群羊怕玫瑰花的刺。"有了"，小杰福斯高兴地跳了起来，"如果在铁丝上加上一些刺，就可以挡住羊群了。"

于是，他先将铁丝剪成了5厘米左右的小段，然后把它们接在栅栏上当刺。接好之后，他发现羊群起初也试图越过铁丝网去菜园，但每次都被刺疼，惊恐地缩了回来。几次之后，羊群再也不敢越过栅栏了。

小杰福斯成功了。

半年后，他申请了这项专利，并获批准。后来，这种带刺的铁丝网便风行全世界。

小杰福斯的创意最初只是为了弥补过失或偷懒——不用老盯着羊

群，也能看好羊群。这说明，创新的动机越直接、越简单，创新就越容易成功。

一定要改变孩子的懒惰吗？懒惰就一定没有动力吗？

其实，任何品质和特点，只要能够善用就好。

不要绝对地改变孩子，而是要告诉孩子如何看待自己的每一种感受，并将其转化为动力。即便是偷懒，也要让孩子为达到这种目的做点有意义的事情。

看待问题的角度和方向，决定了父母与孩子谈话的方式：可以选择调整和改变孩子的想法；可以采用建议式表述给孩子提建议；可以帮助孩子深入了解自己的需要，并为满足这种需要而付诸行动。

父母的价值观决定着父母与孩子沟通的整个目标。父母要经常问问自己，自己的价值观和经验在当下的事件中是否就一定正确呢？

孩子在放学的路上要吃冰激凌。

孩子：“妈妈，我要吃冰激凌！”

妈妈：“我们到家就要吃饭了，饭前吃冰激凌，我担心你吃不完晚饭。那怎么办呢？”

孩子：“没关系，妈妈，我保证我的肚子不会不舒服，而且我保证好好吃晚饭。”

妈妈：“你是否真的确定？”

孩子：“是的，我保证，妈妈！”

妈妈想了想："好，那买一个冰激凌给你吃，如果有不舒服，你一定得马上告诉妈妈。"

孩子："好的，谢谢妈妈！"

快走到家门口的时候，冰激凌也吃完了。孩子拉住了妈妈的手，站住了。

孩子："妈妈，我遇到问题了，今天晚上的晚饭可能吃不完了！"

妈妈："那怎么办呢？"

孩子："那我下次还是在晚饭之后再吃冰激凌！"

接下来很长的时间，孩子再也没有在饭前提出要吃冰激凌。

点评

（1）当孩子在作保证的时候，父母也许知道，孩子有时不太可能做到。直接说"你根本做不到"去否认孩子，虽然有时有激将作用，但父母最好避免这样做，因为它同样具有慢性催眠的危险，经常这样说，会让孩子在潜意识中以为自己真的做不到。

（2）一定要立刻改变孩子吗？每个孩子都会总结自己的行为，关键是父母愿不愿意让孩子去尝试总结。这个案例中，妈妈没有对女儿提过"你应该怎么做"，可孩子最后却主动改变了行为——很长一段时间不再提起饭前吃冰激凌了。

没有人能够保证能在第一时间正确认知每件事情。父母和别人辩论的时候也经常会固执己见，后来却发现自己错了。孩子也一样。如果不是重大问题，就让孩了进行自我尝试、摸索经验，然后自己做出选择。

（3）如果孩子总结后的认知和父母当初的建议相同，父母切忌说："你看我当初就是这样说的吧？"这样说很像事后落井下石。有的父母以为一定要让孩子加重对自己错误的认知，他才会去改变。让孩子自己总结经验教训，其实就已经是孩子在为自己的行为承担后果，所以不必另外加以惩罚。

（4）有时，孩子和父母谈话后，其行为已经发生了较明显的改变，但父母出于完美情结或者期望值过高，会对孩子的这些改变视而不见。有时，孩子出于要面子会表面反驳父母的建议，但私下却根据父母的建议来改变自己的行为。这时，父母要问问自己，是注重在言语上和孩子一争高低，还是注重孩子的实际变化。

（5）有时，孩子不认为他的行为会对父母造成不好的影响，所以不会立即有所改变。但只要父母坚持不断地示范和鼓励孩子自我总结，孩子的行为总会有变化的时候。

完形心理学认为，孩子看到的所有事物都会进入他的潜意识，影响他将来的行为模式。这不仅针对不好的示范，也针对良好的示范。也就是说，父母所做的一切努力，都会对孩子的行为方式产生一定影响，只是出现效果的时间有长有短，何时、何地通过什么形式出现，都是不可预料的，有时还会以父母想象不到的形式出现。

一些孩子在家里很少收拾房间，长大结婚以后却非常擅长做家务，很多手法都继承了家长的方式，这就是潜移默化的作用。

陈阿土住在乡下，从来没有出过远门。攒了大半辈子的钱，终于参加一个旅游团出国了。国外的一切都让他感到非常新鲜。陈阿土参加的是豪华旅游团，一个人住一个标准间。这让他新奇不已。

早晨，服务生来敲门送早餐时大声说道："Good morning, sir！"陈阿土愣住了。这是什么意思呢？在自己的家乡，一般陌生人见面都会问："您贵姓？"于是陈阿土大声叫道："我叫陈阿土！"如此这般，连着三天，都是那个服务生来敲门，每天都大声说："Good morning, sir！"而陈阿土亦大声回道："我叫陈阿土！"但他非常生气，这个服务生也太笨了，天天问自己叫什么，告诉他又记不住，很烦的。

终于他忍不住去问导游"Good morning, sir！"是什么意思，导游告诉他是"早上好"。陈阿土心想："天啊！真是丢脸。"

他反复练习"Good morning, sir！"这句话，以便能体面地应对服务生。

又一天的早晨，服务生照常来敲门，门一开陈阿土就大声叫道："Good morning, sir！"与此同时，服务生说的是："我叫陈阿土！"

我们所制造的环境对他人一定会有影响，只是，这些影响起作用是需要时间的。

妈妈陪孩子逛街，孩子喜欢一件休闲的阔腿裤，妈妈不喜欢。

女儿："这条裤子真好看，妈妈，好看吗？"

妈妈："款式我有些不喜欢，感觉松松垮垮的不精神。"

女儿："妈妈，我真的非常喜欢！今年特别流行这种款式。我很想要！"

妈妈："看你这么喜欢这条裤子，我当然愿意你开心，如果你实在想买就买吧！”

妈妈：“不过我认为穿着它去见我的朋友不是很合适。我希望你可以在和我一起活动的时候穿其他的衣服。这样安排怎么样？”

女儿：“好的，没问题！”

点评

父母忽略了一点，如果不让孩子学会拒绝和坚持自己的想法，将来孩子在遇到一些不良的示范时，他也没有坚持自我、拒绝诱惑的能力。

共赢是接受彼此不同的观点，不仅允许孩子拥有他的价值观，父母也要了解自己的价值观底线。

所以，尽管妈妈同意女儿自己决定购买与否，但同时提出“我希望你可以在和我一起活动的时候穿其他的衣服”。这就是既考虑了孩子、又不牺牲自己的共赢方式。

当父母允许孩子和自己不一样，孩子反而会更信赖和配合父母。

第四节

行动原则

语言沟通只是一座桥梁，而桥梁之外真正带动亲子关系前进的是行动。

没有行动的协商是无效的。制定的规则都需要行动去执行，才会有意义、有价值，才能让彼此更愿意沟通，为解决以后的问题建立良好的互动基础。

行动原则包括两方面内容：方案出台后，在行动时坚持方案中确定的分工和时间限度；行动中，父母要身体力行，做好示范。

一、在行动时坚持方案中确定的分工和时间限度

最有效的关系链接（沟通），不仅在于彼此语言和心灵的沟通，更在于沟通之后的行动。缺少沟通的行动，往往带着主观认知，容易产生误会。

语言沟通的效果只是疏导了情绪，找到问题以及问题的解决方向和方式，剩下的就是行动，要在行动中把问题真正地解决掉。如果没有行动，所有前期的语言沟通效果将会减弱，甚至会

适得其反。

1. 父母承诺给予孩子的帮助要执行

如果父母和孩子协商的结果中，确认了父母要在后面的时间陪伴他，那就要尽可能地做到。否则，只说“对不起”“我知道了”“一定找机会多相处”，但是行动上没有丝毫改变，该忙的还是忙——时间一长，孩子就会发现父母说话不算数，以后就越来越不相信父母，甚至也学着这样做。于是，孩子要么说话不负责任，要么因为有过教训而过于在乎承诺。

有孩子对我说：“爸爸妈妈和我说好的事情，经常会变，这让我不知道该如何看待承诺，所以现在我只要对别人承诺了，就一定要实现，这样让我感觉非常累！”

和许多父母探讨后发现，许多父母说话不算数的原因是做承诺之前没有考虑清楚自己的实际情况，随口一说，结果孩子当真了；另外，父母的工作和其他事情比较多，容易把承诺过的事抛诸脑后。

所以，父母要注意，和孩子商讨解决方案时要三思而后行。如果制订的计划经常改变，就要提高自己的时间管理和事务管理的能力了，父母需要多学习自我管理的技巧。

如果父母在履行承诺时，没有做到良好示范，孩子更不会把和父母的谈话结果当回事。那父母学习了再多的技巧都无效。

让孩子学习规则，不能仅仅在嘴巴上说，更重要的是在行动上示范给孩子看。

有的父母对孩子说：“我是很爱你的！你生病的时候，我多少天都不睡觉陪着你。”这只是一种解释。如果父母经常不兑现对孩子的承诺，时间长了，孩子听到这样的话会很反感，心里想：“那又怎么样呢？现在我没有看出来你爱我，都是假的。你总是在哄我。你对我的问题视而不见，我感觉你并不在乎我的感受。”

所以，告诉孩子我们多爱他的时候，要面对他真正的需要，并采取适当的措施。这样孩子才能感受到父母的爱。要让孩子感觉到父母爱他，不仅仅要体现在语言上，还要体现在语言后的行动上。

2. 执行承诺时要坚持原则

一些父母总是在表象行为上不断立规矩，却在原则问题上心软、妥协，以致孩子不能够很好地坚持协商好的规定，因为他知道父母总是会妥协的。这样，之前沟通达成的协议就失效了。

比如，和孩子协商好了，孩子和父母一起参加聚会时要注重一些餐桌礼仪，但是孩子没有做到。父母大发雷霆，批评他说话不算数，然后还是带着孩子去，这样的方式收效甚微。其实只要在下一次聚会的时候，自己去参加，不带孩子一同前往，就能让孩子自己承担违反协议的后果。

只要说到做到，孩子心里自然会有衡量。

使用权威的重点在于坚持原则，而不是坚持细节和对错。这两点要有所区别。

3. 在协商的限定时间内坚决执行协商方案

协商的时候一定要对孩子说："如果在做的过程中有任何的问题，请及时沟通，我们一起来面对。"

然而在生活中，有些孩子习惯没有经过足够的努力，就想要不断地调整商定好的规则。那怎么办呢？可以协商一个不太长的有效期，按照协商的内容坚持到有效期结束，再做总结。

11岁的女儿说好了只玩15分钟电脑，再学习45分钟，然后接着玩电脑。可是15分钟后，她嚷着还要玩电脑，不停地和我商讨。

我非常生气，把她的电脑关了。她大声哭泣。

当时，我也很生气，我知道有情绪时不适合交谈，所以，我坐在旁边没有理她。

过了一会，我俩都消气了，我就去找孩子交谈。

第一步，强制后的道歉和补充说明，说明孩子不坚持规则对自己和对方的影响。

爸爸："我想和你谈谈刚才的事情。刚才爸爸强行把你的电脑关了，你很生气，爸爸向你道歉！同时爸爸也想让你知道，我为什么这么生气。这样做，并不仅仅是因为今天玩电脑的事情。"

爸爸："对于我们商量好的规则，你经常要临时修改，这让我感到很恼火。"

爸爸："刚才你说好了玩15分钟电脑之后就写45分钟作业再接着玩电脑，可是你又来和爸爸商讨，希望修改规则，这让爸爸感觉非常心烦。"

爸爸："我觉得我对你的关心你没有接收到，让我感觉很失败；同时，因为你不能充分为自己考虑，让我感觉很担心。另外，家是共同的，爸爸妈妈也需要有自己的生活，不知道你什么时候又会有新的想法，而且不知道哪个想法是真的，如果把你说的话当真，我就要忙得团团转，到最后可能还不是你想要的；如果不把它当真，又好像不关心你、不尊重你，这真的让我很烦恼！每天都要不停地重复这样的问题，真的让我头疼极了。"

女儿（眨着眼睛，想了想）："爸爸，对不起！"

爸爸："刚才爸爸发那么大的火，只是想让你重视这个问题，并不是想说我厌烦你！"

女儿："谢谢你，爸爸，我知道了。"

点评

这是一个非常典型的情绪认知的过程。

爸爸在开始发脾气的时候，仅仅是顺着当下生气的感受。冷静过后，找到了真正的问题——对于约定规则的执行问题。

于是爸爸后面进行补偿对话，清晰地说明孩子不履行规则对自己的影响，同时让孩子知道，爸爸发脾气不是不爱孩子，而是不能接受孩子不履行规则的行为。

第二步，探讨问题，继续深入剖析孩子的行为对爸爸和她自己的影响，确认孩子的沟通意向。

爸爸："你想玩电脑，本身没问题，只是爸爸的想法你也要考虑一下。以前爸爸总是心软，你一说，我就会把规则改一改，我觉得这样不好。因为我被影响得情绪不好之后，会对你大发脾气！我不希望这样，你希望这样吗？”

女儿：“不希望！爸爸，你一发脾气很吓人，我好害怕！”

爸爸：“是啊，所以我们要想办法解决这个问题。爸爸觉得，如果我们可以遵守承诺和规则，爸爸就会放心很多，自然也不会发脾气了。你愿不愿意？”

女儿：“愿意！”

第三步，寻找解决问题的方法，确认彼此行为的内容。

爸爸：“以后爸爸要努力坚持原则，你也要学会控制自己，我们一起努力来坚持原则、遵守约定，你看怎么样？”

女儿：“好！”

爸爸：“那以后说好的规则就不能总是临时改变了！我们可以把时间缩短，在这个时间段内，我要坚持说到做到、坚持规则的监督，你要负责控制自己、管理自己！”

女儿：“好！”

第四步，肯定孩子行为中好的一面，并在合适的时机表达。

爸爸：“爸爸还有一个问题，爸爸觉得你在商讨规则的时候，经常没有想清楚自己的具体情况，就轻易地给爸爸一个答案，然后在执行的过程中，又不停地和爸爸讨价还价。你觉得是不是这样？”

女儿：“是！”

爸爸：“爸爸认为你对自己要做的事情非常坚持，这是一种非常好的品质，但是这种品质用在不合适的地方，就会让人不舒服。”

爸爸：“我希望每一次探讨规则的时候，你都要尽量地把所有想到的问题说出来，在这个时候你可以坚持，并且要全力坚持；但如果规则定下来了，在商量好的时间范围内就不能再更改了，直到期限结束后，你才可以和爸爸重新商量。“

爸爸：“爸爸要帮助你在这个阶段提高自我管理的能力。等你到十二岁以后再学习更灵活的处理方式。”

女儿：“好，我接受！”

点评

在表述意见的同时，要给孩子提供一个情绪的出口，让她有机会为自己表达意见。即告诉孩子什么时候不能做的同时，告诉她什么时候能做。

第五步，从现在开始行动。

爸爸：“那从现在开始，我们就要把想说的话都说出来。你现在不说，到以后又更改，我会感到生气。对于我们制订的规则，以及今天玩电脑的问题你有什么想说的？”

女儿：“嗯，我知道了，我有一个问题，我今天真的还想再玩一会儿。”

爸爸：“爸爸理解你的愿望，但是说好的规则需要遵守，我们要一起遵守一段时间。你只能对规则的内容提出异议，比如时间、形式等。”

女儿：“那如果是这样，我觉得15分钟有点短，大部分的网络节目都需要看20多分钟，可不可以以半小时为界限？”

爸爸：“那如果有的节目超过半小时呢？”

女儿：“那我也遵守！”

爸爸：“我们都要学会三思而后行。你还有没有没考虑到的问题？”

女儿：“暂时没有了！”

爸爸：“好，那我的意见是，如果玩电脑要半个小时，我希望是在作业完成之后，否则我会担心你的作业写不完。”

女儿：“可以。”

爸爸：“那我们确定这个协议了，每天作业写完之后，最多可以看半小时的网络节目。我还有一个问题，如果作业完成得太晚，我会担心你的休息时间不够，那这种情况我觉得不适合再看网络节目了，你觉得呢？”

女儿：“那也是！”

爸爸：“那我们确定，如果八点之前完成作业，就可以看半小时的网络节目。”

爸爸：“从现在开始就要执行这个协议了，协议的有效期暂时定为一周。如果在这个过程中你出现了任何问题，也要坚持，一个星期之后，我们再像今天一样探讨，这一周之内就不能变动了！”

女儿：“好！”

爸爸分享

在谈话的时候，我知道她还是个孩子，不一定能坚持协议，我也做好了使用权威的准备，可是出乎意料，在我们约定的实验期（一周）之内，她把自己管理得非常好。

任何事情贵在坚持，我会继续为培养孩子的坚持而努力下去，在孩子身上也有让我不能小瞧的东西。

点评

如果允许孩子不断调整协议，原本协商的内容会无法执行，父母会变得更加心累。

所以，协商之中要有集中。父母可通过限定时间的方式来帮助孩子提高行为自控力，同时看到孩子的优点，因势利导。

同样的问题还出现在孩子报名参加各种兴趣班的时候。很多家长说，孩子要报名参加各种兴趣班，但是报名后又不能很好地坚持下去。

这种情况下，父母可以表明愿意满足孩子的愿望以及允许孩子寻找自己爱好的态度，同时，把自己的担心说出来，然后表明：为了避免双方难受和以后的不信任，“如果你这次真的要选择，可以先报一个暑期班，在这期间，必须坚持上完全部课程，然后再决定要不要继续。”

总之，父母说的和做的是否一致，严重影响孩子对父母的信任，父母只有和孩子建立了良好的信任关系，才更容易引导孩子。所以，确定的规则要尽量坚持和落实。

二、父母要身体力行，做好示范

沟通，可以在父母和孩子的心灵世界搭起桥梁。在沟通之外，父母的行为对孩子有更重要的影响。言教不如身教。

父母对孩子的说教，会让孩子有意识地吸收，而父母的示范，往往在孩子的潜意识中保留下来，成为将来他行动的最大隐性驱动力。

有些父母在教育孩子的时候，言行不一致，孩子长大会出现一些在别人看来“虚伪”的表现，同时父母的权威性也会降低。孩子会在心里想：“还说我呢，你自己又做得怎样呢？”

比如，孩子在学校打架了，回家后，父母边打孩子边对他说：“谁让你这样打人，以后不许打人！”又如，告诉孩子要理解他人，可是当外婆生气批评了孩子，妈妈只解读了孩子，却没有让孩子理解外婆。

有一次，我和女儿、先生以及先生的侄子一起聊天。

先生对他的侄子说：“如果可以考虑的话，我们想让你高中后去国外读书！”

侄子说：“好啊，可是我的英语很差！出国了连话都不会说怎么办呢？”

先生开玩笑似的对他说：“猪头，不会就不可以学吗？”

侄子回敬了先生一句：“猪头！”

我在旁边，也对先生重复了一句：“猪头！”然后引用了女儿经常会说的一句话：“说脏话！”然后转过头对女儿说：“是不是？爸爸说脏话？”

女儿笑嘻嘻地对我说：“妈妈，那你刚才说的是什么呢？”

这令我非常惭愧！

点评

孩子的眼睛是雪亮的，父母要教育他们，一定记得自己也要身体力行。

有的父母言行矛盾，既希望孩子有个美好未来，不断督促孩子向那个目标努力，又给孩子灌输找个舒适的工作，一劳永逸的想法；既希望孩子有足够的自信，又害怕孩子翅膀硬了会看低自己；既希望孩子在外面有能力保护好自己，又要求孩子屈服于自己的说教之下；既希望孩子独立做事，又担心孩子把事情做坏影响自己，不如自己代替孩子做完；既对孩子百般呵护，又在自己心情不好的时候对孩子大发雷霆，甚至埋怨孩子不会照顾人……

心理学中有一个非常有名的定律，叫作“手表定律”。

森林里生活着一群猴子，每天太阳升起的时候它们外出觅食，太阳落山的时候回去休息，日子过得平淡而幸福。

一名游客穿越森林，把手表落在了树下的岩石上，被一只叫猛可的猴子捡到了。这只聪明的猴子很快就搞清楚了手表的用途，于是，它成了整个猴群中的明星。

每只猴子都逐渐习惯向猛可询问准确的时间，尤其在阴雨天的时候。

整个猴群的作息时间也由它来规定。渐渐地，这只猴子逐渐树立起威信，当上了猴王。

做了猴王后，它认识到是手表给自己带来了机遇与好运，于是每天努力地在森林里寻找，希望能够得到更多的手表。功夫不负有心人，它果然相继找到了第二块、第三块手表。

出乎意料的是，得到了三块手表的猴王有了新麻烦，因为三块手表显示的时间都不相同，它不能确定哪块手表上的时间是正确的。群猴也发现，每当有猴子询问时间时，猴王总是支支吾吾回答不上来。结果它威信大降，整个猴群的作息时间也变得一塌糊涂。

只有一块手表，可以知道是几点，拥有两块或两块以上的手表反而不能确定准确的时间，让看表的人对准确时间失去信心。这就是著名的“手表定律”。

“手表定律”给我们非常直观的启发：对于任何一件事情，不能同时设置两个不同的目标，否则这件事情将无法完成；对于孩子，父母也不能同时让他接受两种完全不同的价值观，否则他的行为将陷于混乱。

所以，如果希望孩子能够坚强、稳定地成长，父母首先需要调整自己的行为，确保自己能够给孩子清晰的指导。

第五节

过程原则

差异原则指出，孩子的成长需要时间，其实，父母的成长同样需要时间。

技巧的学习和自我的认知都是需要时间和过程的。一本书、一个系统的技巧至少要重复阅读或者学习五遍。学习和收获的过程一般会经历四个阶段，如下图所示：

第一阶段 →	刚学完时，还会重复以前的行为模式，但在事后会意识到自己的行为不当，于是去做一些补救，这和以前不自知的行为是不同的
第二阶段 →	在事情发生时，会马上意识到自己的行为要调整，但还不能确定如何调整，可以尝试延缓解决
第三阶段 →	在问题发生时，会意识到要注意方式，使用技巧来解决问题
第四阶段 →	经常练习技巧，形成了模式和习惯，行为自然而然地表现出来，已经感觉不到技巧的痕迹

在这个过程中，偶尔会感觉到自己在后退，其实学习和收获是遵循螺旋上升原理的，尽管转过来看到的还是山这边的风景，但是高度却提升了。偶尔的后退只是表明我们心目中还隐藏着其他没有解决的问题，或者是我们做得太多，或者是我们忽略了其他的需要。如果我们能够通过“后退”的机会更深入地了解自己，就能向前走得更远。

请看下面两位妈妈的日记。

4岁的孩子玩空调遥控器，一会儿开一会儿关。

第一步，我用直述式表述技巧说明我的想法。

我说：“你这样玩空调遥控器会很浪费电的！”

孩子停了一下，继续看着空调，不停地摁遥控器，一开一关，一开一关。

我很沮丧，不知道为什么用了直述式表述技巧还是没有效果。

想着问题还要解决，我就静下心来问自己，我是否说清楚孩子行为的真实影响了？我突然发现，一个4岁的孩子对于“浪费”这个词是没有概念的，他不知道“浪费”对于父母和他有什么真实影响。孩子觉得他的行为没有伤害到父母，而且他自己很快乐，所以不知道为什么要改变。

这时我突然明白了很多，所谓的四五岁的孩子“讨狗嫌”、调皮、不听话，其实是他们想了解大人的世界，却又不明白大人的世界怎么运作罢了。就算父母骂他，他都不知道为什么父母要这样做，这样做的真实含义是什么，大人是有义务慢慢地让孩子理解外面的世界的。作为父母，往往无意识地拿自己的认知衡量孩子，其实很多话是我们没有说清楚。

第二步，我尝试着更加详细地说明孩子行为的影响。

“其实遥控器开一下没有问题，但是这样玩空调遥控器，不停地开和关，会很浪费电，那妈妈就要花很多钱去付电费。我们就会浪费很多钱。”

孩子看了看我，停了一会儿，又拿起来玩。只是频率降低了。

我有些无奈，为什么他还是不停下来呢?

我感觉到自己的情绪变化。于是对自己说，孩子已经有变化了，至少动作慢了下来，这就是效果。继续想想，其实还是没有说清楚，孩子对“浪费钱”也没有实质性的概念。同时，我为什么不舒服?这对我有什么影响呢?

第三步，详细说明孩子的行为对我的影响。

我再次说：“妈妈要花很多的时间去努力地工作，才能挣钱回来，如果浪费了，那妈妈的辛苦工作也浪费了。妈妈会心疼的。”

孩子若有所思，但还是拿着遥控器，不舍得放下。

第四步，说明孩子的行为对他自己的影响。

我再一次想到，这样的影响对于他还是不清晰，比较抽象。而且看得出来他现在有情绪了，不像刚才那么兴高采烈了。

于是我进一步说：“你知道钱可以用来干什么吗?可以买你喜欢的玩具、喜爱的图画书、漂亮的衣服，还有好多好多你爱吃的冰激凌。如果浪费了，就会浪费许多冰激凌。”

孩子抬起头来看着我。

我舒了口气。看来还是要把一些概念具体化为他身边的东西，他才可以更好地理解。

第五步，表述孩子的行为对双方的影响，兼顾孩子好奇心的需要，民主地解决问题。

我接着说："你觉得这个遥控器很好玩，它会让空调不停地发声，还自己动，很有意思是吗？"

孩子点点头。

我肯定了他的动机："哦，你的观察力很好啊，妈妈都没注意过这个遥控器这么好玩。"

然后，我说："可是如果这样玩，又会很浪费电，让你吃不到很多冰激凌了。那怎么办呢？"（表述行为对双方的影响）

孩子把遥控器放下了，说："那以后开关空调的时候可不可以让我来按遥控器？"

我说："没问题，当然可以。"

孩子就去玩其他玩具了。

这虽然是一个很小的案例，但由于是自己非常用心解决的，我感觉很有成就感。

点评

年幼的孩子对金钱没有清晰的认知，父母可以像这位妈妈一样用孩子熟悉的东西进行比较，把抽象的概念变得简单易懂。

这位妈妈并没有因为碰到失败就放弃，而是不断尝试，反复总结失败的原因，终于在5次努力之后高兴地解决了问题。

当然，就算父母采用强制的做法禁止孩子玩遥控器，也同样要让孩子清晰地知道禁止的理由。

所以，寻找有效表述的过程也非常重要。

谈话过程中，信息的传递是一个沙漏模式。

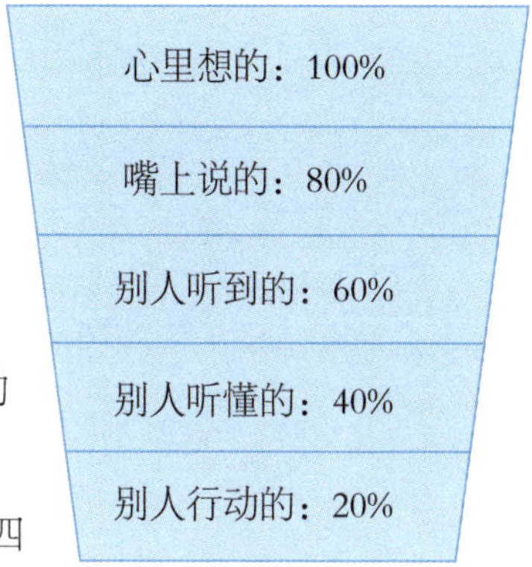

沙漏模式

正如右图所示，从心里所想的信息，到真实表达出来的过程中，信息的传递出现了遗漏和偏差。第四堂课的第二节“在情绪决堤之外看到真实的自我”中提到，人在生气的时候，有时连自己心里真正要的是什么都没有搞清楚。

当我们表达出来的信息传递到对方那里时，被对方接收到的内容往往会打个折扣。因为人都会选择性聆听，只接收自己关注的那部分信息。而接收到的信息不等于完全听懂了，按照听话者的理解，接收到的信息往往容易出现遗漏和偏差。

当对方听懂后再去实际操作时，又会因为他的能力或其他条件限制，使得效果有所偏差。

因此，即便我们很清晰地知道自己要的是什么，最后得到的结果依然可能出现大的偏差。当我们都不清楚自己生气的原因的时候，对方的行为效果就更差了。

所以，每一次沟通后，不要奢望孩子可以立刻百分之百地做到父母所期望的结果，要客观接受已经发生的事实，然后在这个基础上主动调整方法，努力通过沟通让孩子更清晰地了解父母的想法。

我和7岁的女儿一起整理她的房间时，不小心把她的拼图盒子打翻在地，女儿朝着我大声喊叫："你看你，把我最心爱的拼图弄掉了一地！"

这时，由于孩子出现了不舒服的情绪，所以我首先向孩子道歉，然后立刻把拼图收起来。

同时，我也很生气，不接受孩子对我大喊大叫的行为。于是，我对她进行表述。

第一步，我对她进行直述式表述。

（1）客观行为描述：孩子大声向我说话。

（2）这个行为的具体而真实的影响：我感到不被尊重。

（3）自己因为这个影响而产生的感受：不舒服。

合起来的表述："你这样大声向我说话，让我感到不被尊重，我不舒服、不接受。"

我说了几次，孩子并不改变方式，还是对我大喊大叫。

第二步，我开始使用建议式表述。

"妈妈很想就这个问题和你探讨，但是你的方式我不接受。如果你改变了说话的语气和方式，客气一点和我说话，我会和你继续交谈。"

结果，她还是没有改变，于是我进入第三个阶段。

第三步，我使用权威，用行动来坚持我的原则。

一旦她对我用这种方式说话，我就不出声、不回应。几次之后，只要孩子用这种方式和我说话，我就重复建议式表述，她马上就会道歉："妈妈，对不起，刚才我说话的方式不对，你现在可以和我谈了吗？”

现在，我的技巧和认知更加娴熟。前几天，孩子又发生这样的情况，我当时的解决方案：

（1）客观行为描述：你只看到了我没有做好的地方。

（2）这个行为的具体而真实的影响：我的好心却被忽略了。

（3）自己因为这个影响而产生的感受：伤心。

合起来的表述：“你只看到了我没有做好的地方，却没有看到我的好心，我很伤心！”

当我说完这句话，孩子的表情马上柔和起来，说“妈妈对不起，我刚才太着急了，谢谢你这样照顾我，请慢点帮助我，这样就不会把其他的东西弄掉了，行吗？”

妈妈分享

真的很感慨孩子的学习能力，她的行为调整得真快。

和孩子勤加对话练习之后，我觉得孩子在表达方面的能力远远超过大人，在孩子向我道歉时说的那句话中，我听到了道歉、肯定式表述中的感谢和建议式表述的综合使用，父母或许要刻意考虑后才说得出来，可是孩子在我的影响下，不到半年时间，已经表达得很清楚了。

现在，孩子发脾气的频率变低了，同时，表达能力也提高了。

这种谈话拉近了我和孩子的距离，还让我在家里就能对孩子的情商和沟通能力进行训练，我心里非常有成就感。

每一次互动对话之后，我都能看到孩子那颗虽然幼小但是很善良、愿意体谅他人的心。在这个过程中，我也一次次地被温暖着，感谢孩子，让我有机会在爱她的同时，不断感受着被爱、被肯定的欣慰。

点评

从这个事例中可以看到，表述的内容在不断练习后会更加清晰，孩子接收内容的速度也会更快。所以，父母也需要在教育孩子的过程中，多花些时间来提升自己。

在孩子成长的过程中有四个阶段：知道、想到、做到、得到。其中，最重要的一步是“知道”。无论之前尝试过多少方法，今天当你翻开这本书的时候，通过当下的“知道”，我们已经开始了新的一步。

这个世界上最难的不是问题本身，而是在问题面前无人理解、无人支持、无人包容！

真诚地希望本书中的一些理念可以让每个需要帮助的父母得到更多的支持，让我们能够相互扶持着共同走下去！

总述

Overview

总结一下书中的各种技巧。

一、陈述孩子问题行为的时候，使用“技巧三部曲”

（1）陈述孩子的客观行为。

（2）陈述该行为对孩子、对周围环境、对父母的影响。

（3）陈述父母的感受。

在表述问题的时候，首先尽量肯定孩子值得肯定的部分，然后陈述问题。只是，要避免“……很好，但是……”的句式，使用“我觉得这一点很好，如果……就更好了！”

在表述不同意见的时候，要注意，不是“孩子错了”，而是“我有不同的想法”“我有需要”。

二、清晰地表明自己的需要时，进行恰当的情绪管理和认知

在情绪爆发之前，学会对自己喊“停”，在延迟的过程中进行情绪的自我认知。区分当下事件和累积的派生情绪之间的关联，找到容易被人理解和接受的原生情绪，这样有利于制造满足的机会和得到孩子的共鸣！

三、在解决双方矛盾的时候

（1）一定要兼顾孩子的问题需求。

（2）判断当下最主要的问题，分阶段解决问题。

（3）如果不能在第一时间同时满足双方，需要在适当的时候，允许彼此的不同，适当妥协、处罚和使用权威。妥协之后，使用权威和处罚也要采用合适的方式。

四、技巧无效或效果有限

如果在使用技巧的时候，感到解决问题的效果有限，除了需要不断练习表述技巧以外，还应考虑以下几个方面。

1. 在选择解决方式时有三种选择

（1）改变孩子，事后弥补。

（2）改变自我，延迟满足。

（3）改变环境。

要具体情况具体处理，不能够照搬本书中案例的解决方式。解决和选择的原则，就是参照当下事件中“问题和关系哪个更重要”的判断。

比如，“第六堂课”中孩子要买溜溜球的案例，解决方式是“改变孩子，事后弥补”。

然而，类似的事件如果放在父母和孩子关系本身比较僵化、刚刚开始修复关系的过程中，那么这个方式的效果肯定会大打折扣。因为在这样的情况中，建立真诚、信任的关系比解决孩子当下的问题更重要。如果没有信任的关系，引导的效果就会很差，甚至产生反作用。这种情况下，父母需要做出适当的妥协，在孩子情绪舒缓、对父母的引导有了一定信任的时候，再向孩子表述自己的担心和不满，更容易让孩子接受。这样一来，选择的方式就是“改变自我，延迟满足”。

但如果遇到孩子要动手打老师或父母，就需要选择“改变孩子，事后弥补”或者“改变环境”来解决。因为发生问题时，当下是问题比关系更重要。

本书中所有案例的语言模式和解决方式都可以供父母参考，但在实际解决问题的过程中，需要父母用心按照书中的技巧和原则，分辨当下发生的事情，选择合适的模式来解决问题。

2. 孩子的改变需要时间

孩子的成长就好比一盆花的生长，当他还处在松土、施肥、发芽、蓓蕾阶段，没有到真正开花结果的时候，父母要做的是扶正方向，却不可能立刻看到未来的结果。

不能说孩子现在没有“果实”，就认为他将来也不会有，或这个孩子没有救了，将来永远都不会有作为。

十几岁的孩子，在心理上还没有断奶，还处在“心理脐带”脱落前的孕育期，这个时候，父母给他什么他就吸收什么。

当父母给他引导和祝福，他就相信将来会更好。即便现在做不到，可还会努力，也许某一天就突然因为某件事情想起父母的引导，因而懂了、会了。

父母要学会在努力中等待，在等待中努力。

3. 父母对孩子的问题了解不够，孩子认为父母不够理解他，配合度就会降低

解决问题，最重要的是增强孩子解决问题的动机。

古语说“欲取之，必先予之”，所以，要获得孩子的尊敬和信任，父母要先了解孩子行为背后的动机是什么，明白了动机，行为自然就会改变；同样，想要解决问题，首先要知道孩子真正的问题是什么，他当下的能力和状况是怎样的。

如果父母不清楚孩子的需求，协商时就不能兼顾孩子的需求，这会让孩子对父母有一种伪善的印象。

在《戒掉爱中的伤害：只需倾听，别插手！》中，对于如何用各种合适的倾听方式，了解孩子行为背后的动机，如何用技巧邀请孩子谈话，有比较详细的介绍。

4. 父母自身的原因

也许父母自身就比较矛盾，在选择时缺乏勇气；或者父母在了解自我内在需求时比较困惑，没有办法让孩子清晰地了解父母真正的需要；或者父母对自己的认知不够，于是言行不一致，嘴里教孩子的，自己却做不到，于是“身教”盖过了“言教”，也影响了孩子的行为变化。